ÉDIPO E VARIAÇÕES

Dados Internacionais de Catalogação na Publicação (CIP)
(Câmara Brasileira do Livro, SP, Brasil)

Kerényi, Karl
  Édipo e variações / Karl Kerényi, James Hillman ; tradução de
Edgar Orth e Gustavo Barcellos. – 2. ed. – Petrópolis, RJ : Vozes, 2025. –
(Coleção Reflexões Junguianas)

  Título original: Oedipus variations
  ISBN 978-85-326-7188-2

  1. Complexo de Édipo 2. Mitologia grega – Psicologia
3. Psicologia analítica I. Hillman, James. II. Título. III. Série.

25-253126   CDD-150.1954

Índices para catálogo sistemático:
1. Psicologia analítica   150.1954

Eliane de Freitas Leite – Bibliotecária – CRB 8/8415

Karl Kerényi
James Hillman

ÉDIPO E VARIAÇÕES

Tradução de
Edgar Orth (Texto Kerényi)
Gustavo Barcellos (Texto Hillman)

Petrópolis

© 1968 Estate of Karl Kerényi.
Publicado conforme acordo com
Klett-Cotta – J.G. Cotta'sche Buchhandlung
Nachfolger GmbH, Stuttgart, Alemanha.

© 1991 by Spring Publications
"Oedipus revisited" © 2022 by Margot McLean

Tradução do original em inglês intitulado
Oedipus variations

Tradução do original em alemão *intitulado*
Öedipus

Direitos de publicação em língua
portuguesa – Brasil:
1995, 2025, Editora Vozes Ltda.
Rua Frei Luís, 100
25689-900 Petrópolis, RJ
www.vozes.com.br
Brasil

Originalmente publicada em alemão nas obras:

Ödipus. Vol. 1 : Sophokles, Seneca, Corneille,
Voltaire, Platen (Theater der Jahrhunderte.
Vollastándige Dramentexte), editado por
Joachim Schondorff. Vorwort von Karl Kerényi
(p. 7-26). Langen-Müller, München – Wie 1968

Ödipus. Vol. 2 : Hölderlin, Hofmannsthal, Gide,
Cocteau, Eliot (Theater der Jahrhunderte.
Vollastándige Dramentexte), editado por
Joachim Schondorff. Vorwort von Karl Kerényi
(p. 7-33). Langen-Müller, München – Wie 1968

Todos os direitos reservados. Nenhuma
parte desta obra poderá ser reproduzida
ou transmitida por qualquer forma e/ou
quaisquer meios (eletrônico ou mecânico,
incluindo fotocópia e gravação) ou arquivada
em qualquer sistema ou banco de dados sem
permissão escrita da editora.

CONSELHO EDITORIAL

Diretor
Volney J. Berkenbrock

Editores
Aline dos Santos Carneiro
Edrian Josué Pasini
Marilac Loraine Oleniki
Welder Lancieri Marchini

Conselheiros
Elói Dionísio Piva
Francisco Morás
Teobaldo Heidemann
Thiago Alexandre Hayakawa

Secretário executivo
Leonardo A.R.T. dos Santos

ISBN 978-85-326-7188-2 (Brasil)
ISBN 978-0-88214-990-5 (Estados Unidos)

PRODUÇÃO EDITORIAL

Anna Catharina Miranda
Eric Parrot
Jailson Scota
Marcelo Telles
Mirela de Oliveira
Natália França
Priscilla A.F. Alves
Rafael de Oliveira
Samuel Rezende
Verônica M. Guedes

Editoração: Rafaella Nóbrega Esch de Andrade
Diagramação: Editora Vozes
Revisão gráfica: Nilton Braz da Rocha
Capa: Editora Vozes
Ilustração de capa: Mandala produzida por
uma paciente de Jung e reproduzida por ele
em *Os arquétipos e o inconsciente*, vol. 9/1
da Obra Completa. 5. ed. Petrópolis: Vozes,
2007, p. 341, nota 182.

Este livro foi composto e impresso pela Editora Vozes Ltda.

Sumário

Édipo: dois ensaios
Karl Kerényi

I Primeiro ensaio, 9
II Segundo ensaio, 33

Édipo revisitado
James Hillman

1 Mito e psicanálise, 63
2 Família como destino, 69
3 A cidade doente, 75
4 Identidade e paisagem, 81
5 Laio, infanticídio e literalismo, 86
6 Mito e método, 101
7 Cegueira psicanalítica, 107
8 Análise em Colona, 116
9 O imutável e o mutante *ethos* e *daimon*, 124
10 *Postscript*, 128

Referências, 131

Édipo: dois ensaios

Karl Kerényi

I   Primeiro ensaio

> O Édipo é por assim dizer apenas uma análise trágica. Todo o material já está presente, basta trabalhar sobre ele. Isto pode acontecer por uma ação muito simples e num instante muito curto, mesmo que os acontecimentos sejam bastante complicados e dependam das circunstâncias. Como isto é favorável ao poeta! Mas temo que Édipo seja sua própria espécie e que não haja uma segunda...
>
> Schiller a Goethe, 2 de outubro de 1797

1

Antígona, a maior contribuição de Sófocles para a humanidade, nunca exerceu sobre a posteridade o efeito que teve outra tragédia do poeta e que movimenta o nosso século, ainda que de modo diferente: *Édipo Rei*. Talvez o movimento pudesse ter vindo de obra poética mais modesta – pois o poeta dramático Sófocles só ficou célebre após *Antígona* – se o seu conteúdo apresentasse destino semelhante. Nesta tragédia não se trata do efeito direto e irresistível daquilo que um poeta conseguiu realizar com maestria do ponto de vista artístico e humano, um efeito sobre inúmeras pessoas receptivas que se teriam exposto a um movimento espiritual de nova autocompreensão; mas no começo o efeito esteve sob uma só pessoa que provocou o movimento.

Esse movimento chama-se psicanálise. Ele procede de certa forma de *Édipo Rei* na medida em que Freud acolhe em si essa tragédia ou a redescobre dentro de si em germe. Seria difícil traçar uma linha divisória entre acolhimento e descoberta. A familiaridade de Édipo no mundo de hoje e uma ideia dele alçada para a série dos arquétipos da humanidade se baseiam na forte impressão que a tragédia de Sófocles causou em Freud. Ele encontrou ali o arquétipo do procedimento analítico, quer tenha conhecido as palavras que Schiller enviou a Goethe, ou não. Antes da análise literária é preciso discutir como se apresenta a imagem de Édipo com base na tradição antiga, cheia de variantes, sem interpretação psicológica consciente ou inconsciente[1].

2

Como rei de Tebas, Laio, filho de um bisneto de Cadmo, e, portanto, também parente de Dioniso, um neto de Cadmo, escolheu para esposa a filha de um bisneto de Equíon, o "homem-cobra", um tebano primitivo, oriundo da "semeadura do dragão". Ela era a autêntica tebana, pois Cadmo havia imigrado para cá vindo da Fenícia. O pai de Laio chamava-se Lábdaco e sua mulher chamava-se Epicasta, ou Jocasta. Sob esse nome alcançou fama tão grande como nenhuma outra rainha, mãe ou esposa

---

1. Para as fontes antigas, cf. Kerényi (s.d., nota 444).

dos heróis gregos. Mas ela deveria trazer em si as duas qualidades em relação a um único e mesmo herói. Por meio dela também seu irmão Creonte exerceu um domínio passageiro sobre Tebas. Existe uma versão legendária de que Laio teria matado seu sogro. Em toda a saga transparece que Jocasta era a fonte do poder real em Tebas, pois ali as relações eram matriarcais.

Laio não deveria ter com ela nenhum filho. Três vezes o oráculo de Delfos o havia prevenido de que Tebas seria salva se ele morresse sem ter filhos. Laio não estava em condições de tomar uma decisão firme – assim conta Ésquilo a história da geração de Édipo – e aconteceu como num delírio que o casal consumou o matrimônio. Seria possível que Jocasta só estivesse cumprindo sua função matriarcal e que não se tornasse mãe, ao menos com a participação de Laio. A história do oráculo também foi contada de outro modo, pelas palavras de Jocasta no início da tragédia *As Fenícias*, de Eurípides.

Por longos anos Laio vivia com Jocasta num matrimônio sem filhos, quando resolveu consultar o oráculo sobre sua descendência. A divindade em Delfos lhe respondeu: "Não geres filhos contra a vontade dos deuses! Se gerares um filho este te matará e toda tua casa se afogará em sangue". Que se acalmasse e não quisesse ter descendência. Mas, vencido pela paixão e vinho, gerou assim mesmo com Jocasta um filho que mandou expor após o nascimento. Após vários anos, tomado por maus pressentimentos, viajou para Delfos para saber do oráculo se a criança que fora exposta ainda vivia. Tomou o caminho mais curto da Beócia e, passando pela região da Fócida, chegou a uma encruzilhada estreita onde foi morto.

A terceira e mais simples narrativa do oráculo constitui os precedentes do *Édipo Rei*, de Sófocles. Laio e Jocasta receberam de Delfos a advertência de que seu filho haveria de matar o pai. E foi disso que resultou a exposição da criança. Os narradores mais antigos voltam sua atenção mais para a figura de Édipo conforme se encontra em mitos ainda mais antigos e menos para os antecedentes históricos. De acordo com seu nome era o herói "Pé-inchado". É preciso fazer um enorme esforço para explicar este nome singular e perfeitamente compreensível num mitologema rude e arcaico no espírito homérico e para tornar crível que ele se refere realmente aos pés da criança exposta. Seria óbvio pensar num ser sobremaneira fálico, num dáctilo nascido da terra, filho da grande mãe dos deuses, ou simplesmente num filho nascido do chão e querido da mãe terra. Ela nunca temeu o incesto, conforme a *Teogonia* pós-homérica do poeta beócio Hesíodo.

Na mitologia do herói, os pés da criança realmente incharam. Ela foi exposta num cofre ao tempo do inverno: assim consta na tragédia de Ésquilo, *Laio*. E, para aumentar seu abandono, ainda teriam feito mais: teriam perfurado seus pés com um gancho de ouro ou com "um ferro pontudo". Assim tornou-se pelo resto da vida o "Pé-inchado", e esse foi o seu nome. Conservou talvez de sua antiga natureza de dáctilo o fato de ter cabelos ruivos e frequentes acessos de raiva. A partir de relatos mais refinados sobre heróis expostos e filhos de deuses foram-lhe atribuídas características que o faziam filho do sol, um filho, por assim dizer, do deus-sol, Hélio. Como Perseu, foi exposto sobre a água num caixote: talvez no Euripo, o mar com correnteza que separa a Beócia da Eubeia ou na baía de Corinto.

E assim chegou às proximidades da cidade em que reinava Pólibo, um dos filhos de Hermes, cidade que pode ter sido Antédom, Corinto ou Sicione. A Rainha Mérope (ou Peribeia, na versão de Sófocles), cujo nome, como também o de Pólibo, se refere a muitos rebanhos de gado, estava na praia lavando roupa quando o caixote chegou: uma situação do tempo dos heróis. Numa cerâmica dos tempos de Homero vê-se que é Hermes que entrega a criança à rainha e ela a coloca no colo do rei. A esse casal ela não trouxe desgraça. Édipo cresceu na casa de Pólibo pensando que era sua casa paterna. Mas, segundo a versão bem conhecida, ele não foi exposto no mar, mas no Monte Citerão onde costumavam encontrar-se os pastores de Tebas, por um lado, e os de Corinto ou Sicione, por outro.

Nos antecedentes históricos de *Édipo Rei*, o pastor tebano entregou a criança a um coríntio para que a criasse como sua, mas este a deu de presente ao seu rei, que não tinha filhos. O próprio Édipo conta na tragédia como um comensal bêbado lhe lançara em rosto num banquete que ele, que se havia tornado um dos cidadãos mais nobres de Corinto, não era filho de seu pai. Essa situação foi inventada por Sófocles: ela não corresponde à época dos heróis, mas à vida em sua Atenas. Depois desse incidente, Édipo vai secretamente a Delfos para consultar Apolo. Apolo, no entanto, não responde à sua pergunta e o ameaça com o terrível destino de casar-se com sua mãe e de matar seu pai. Por isso não teve coragem de voltar a Corinto; tomou outra direção, passando pela Fócida, e chegou à encruzilhada onde se tornaria um assassino.

Não importa saber com exatidão onde ficava essa encruzilhada estreita. Pai e filho deviam encontrar-se lá, sem se reconhecerem: um pai infeliz e um filho igualmente infeliz que deveriam evitar-se mutuamente e que tudo faziam para não se encontrar. O *conhecimento* do destino não era algo necessário. Mas precisamente a escolha desta encruzilhada e de nenhuma outra entre Tebas e Delfos, sim, pois visto do lado concreto, como o destino *também* deve ser considerado, a própria encruzilhada foi o destino. Schiller disse: "O oráculo tem parte na tragédia e não pode ser substituído por nenhuma outra coisa". Na história humana, perfeitamente possível, de semelhante encontro entre pai e filho, o conhecimento do destino não era necessário: a história também é concebível sem a interferência do oráculo.

Os narradores para os quais o oráculo foi importante presumiram aqui algo que constitui desde então o cerne da narrativa sobre o homicídio *não intencionado* que aconteceu. Édipo não suspeitava, em nenhum momento da história, que seu caminho desembocaria no do pai. Portanto, o homicídio em si não foi um caso para a psicologia de Freud!

O medo que Laio tinha de perder o trono poderia antes ser um caso. Mas para isso não havia necessidade de um oráculo. O arquétipo já estava presente nas histórias dos deuses, na narrativa sobre Urano e Crono, uma tradição bem antiga na Grécia e na Ásia Menor. Nela, Urano é o marido da Terra, bem como seu filho – mas nem por isso uma história menos sagrada. A exposição poderia acontecer por causa desse medo e sem a instrução de Apolo, mas não sem o seu conhecimento, se já era o deus do oráculo de Delfos. Portanto nada existe de óbvio, a não ser a narração tradicional da história. Ao mesmo tempo a crença no oráculo concretiza a experiência humana: quantas vezes corremos para o horrível por medo do horrível.

Aconteceu assim esta história humana: houve um encontro numa passagem estreita onde era quase impossível um passar pelo outro. Laio ia em seu carro, o arauto gritou para o desconhecido que vinha em sentido contrário: "Caminhante, dê lugar para o rei passar". Em Édipo a raiva começou a ferver.

Não disse palavra e continuou avançando em seu caminho. Um dos cavalos do rei pisou em seu pé, e o velho ainda lhe deu uma cajadada na cabeça, conforme consta em *Édipo Rei*, e assim as medidas transbordaram. O filho "irado e fora de si", conforme se pode ler num antigo livro de mitologia (Higino, *Fabulae LXVII: Tratus inscius*), golpeou com seu bastão de caminhante o pai até a morte, e o mesmo fez com o arauto. Para completar o retrato do colérico, Ésquilo acrescentou também este detalhe: mordeu o corpo do homem morto e cuspiu o seu sangue.

Forma mais antiga da história é que Édipo saiu em busca de cavalos roubados e que Laio estava acompanhado de sua esposa Epicasta. Segundo essa versão, Édipo fugiu para as montanhas após o homicídio, costume ainda hoje seguido na Grécia, e nunca tocou em Epicasta, a mãe que não reconheceu. Mas como poderia então, no desenvolvimento posterior da história – que sempre permaneceu a mesma –, tomar livremente como esposo o assassino, depois que foi testemunha do crime? Tudo aconteceu segundo aquela versão antiga em que se fala do acesso de raiva do colérico: o filho matou o pai e se apossou da mãe, aquela nobre senhora, dele desconhecida. A rainha tornou-se logo sua presa e, por meio dela, conseguiu o domínio sobre Tebas – acontecimento possível no tempo do matriarcado.

A partir dessa versão da história se explica a lacuna nas versões posteriores da qual devemos tomar nota, com surpresa, em *Édipo Rei*. Por que Édipo se informa somente após muitos anos sobre a maneira e o lugar onde morreu seu predecessor? Segundo todas as variantes, o incesto poderia ser descoberto mais cedo ou mais tarde. Nos sistemas matriarcais, o incesto – como algo profundamente desejado – era rigorosamente proibido. Só não era proibido à mãe primordial e, por isso, era tanto mais proibido às mães terrenas. Como pôde ser observado em povos primitivos, os filhos eram enviados a outras famílias para que não se conjugassem novamente com o sangue materno. Na sociedade patriarcal da época heroica, a condenação não era tão forte ou tão uniforme. Isso se torna claro a partir de uma composição épica – uma entre as predecessoras literárias de Sófocles – sobre a qual devemos deter-nos um pouco antes de passar para *Édipo Rei*. Em *As Fenícias*, de Eurípides, Jocasta fala de seu caso antes como uma desgraça do que como vergonha. Parece que essa concepção corresponde melhor ao sentimento popular em Atenas do que a de Sófocles, que se apropriou da condenação mais rigorosa, ainda que Jocasta não considere seus sonhos incestuosos como algo grave (*Édipo Rei*, 980-982).

Vencedor da esfinge, um demônio-mulher devorador, e devido à qual existe perto de Tebas um monte de nome Fíquion, Édipo não é apresentado em todas as versões como o solucionador do enigma, mas sempre como alguém de muita coragem e força. Isso ficava melhor para sua figura primitiva e rude, levando sua vida nas regiões montanhosas nos arredores de Tebas. A variante – apenas uma alusão em *Édipo Rei* – de que os pastores do Citerão o teriam criado é perfeitamente possível. Sófocles escolheu a versão com o enigma. Após a morte de Laio, reinava Creonte, irmão de Jocasta; a história pode assim ser reconstruída adiante, sendo o papel do irmão da rainha, como déspota de fato, uma característica matriarcal. Aqui está a razão mais profunda da desconfiança de Édipo em relação a Creonte, segundo o texto de Sófocles. De resto a história traz as características correspondentes às circunstâncias históricas conhecidas. Os tebanos se reuniam diariamente no mercado e pensavam no enigma que a esfinge lhes propusera. De sua montanha ou voando para uma coluna no meio da cidade, ela cantava o enigma: "Existe um bípede sobre a terra e quadrúpede, com uma só voz, e um trípode, e de quantos viventes que vagueiam sobre a terra, no ar e no mar, é o único que contraria a natureza; quando, todavia, se apoia em maior número de pés, a rapidez se enfraquece em seus membros" (Brandão, vol. III, p. 261). Enquanto o sentido dessas palavras não era decifrado, a esfinge devorava diariamente um jovem tebano. Então chegou Édipo.

Respondeu de pronto: "É o homem, porque, quando pequeno, engatinha sobre os quatro membros; quando adulto, usa as duas pernas; e, na velhice, caminha apoiado a um bastão" (cf. Brandão, vol. I, p. 245). Quem encontrou essa solução falou no sentido de Apolo, em cujo templo, em Delfos, estava gravado, certamente já ao tempo de Sófocles: "Conhece-te" – um enigma cuja solução era "que és uma pessoa humana". Se o poeta quisesse, em *Édipo Rei*, somente publicar a sabedoria da religião de Apolo de Delfos, não fosse para ele mais importante o essencial que falou claramente desde o primeiro instante, teria deixado uma pessoa sofrer e se destruir na qual se escondia um indicador de Apolo. Édipo, o solucionador do enigma, mostrou-se como tal e, como prêmio, recebeu, além do reino de Tebas, a própria mãe como esposa com a qual deveria gerar quatro filhos desditosos: Etéocles, Polinice, Antígona e Ismene. Não é de horrorizar semelhante prêmio, sabendo que o incesto para Sófocles era uma abominação impensável?

3

Homero conhecia um desfecho da história de Édipo em que somente a mãe, com verdadeira dignidade de rainha, se sacrificou a seu sentimento de vergonha. Ulisses a viu no reino dos mortos.

> A mãe de Édipo, a bela Epicasta.
> Ela, sem o saber, cometeu um grande crime,
> casando-se com o filho que a desposou após matar e
> despojar o pai.
> Os deuses rapidamente fizeram que a notícia circulasse
> entre os homens.
> Édipo, todavia, apesar de tantos sofrimentos por funestos
> desígnios dos deuses,
> continuou a reinar sobre os Cadmeus, na muito amada Tebas.
> Ela, porém, desceu à mansão de Hades, de sólidas portas,
> depois de atar, dominada pela dor, um laço a uma alta viga,
> deixando ao filho, como herança, inúmeros sofrimentos
> com que as Erínias punem os delitos cometidos contra
> uma mãe
> (*Odisseia*, 11.271-11.280, como citado em Brandão,
> vol. III, p. 237, nota 175).

Homero, que também sabe disso, sublinha a dificuldade da continuação da vida de Édipo, mesmo que ele não se tenha vazado os olhos, entrando numa batalha com grande fragor e baixas, mas ganhando as devidas honras por meio de jogos funerais (*Ilíada*, 23.679-23.680).

Um poema épico do círculo tebano, a *Edipodeia*, a que Homero se refere, contém essa continuação da vida, da qual fazem parte um ou até dois novos casamentos. Ao menos dois nomes de mulheres de Édipo são mencionados após Epicasta, ou Jocasta. Com essas mulheres teve filhos antes que a dupla relação com a mãe fosse conhecida nesta história. "Uma natureza inquebrantável de grandeza arcaica" – pode-se dizer deste Édipo (Deubner, 1942). Inquebrantável foi igualmente em outra epopeia, *Tebaida*, em que se cegou com as próprias mãos e, como ancião, tinha mais acessos de raiva do que antigamente, amaldiçoando seus dois filhos que acabaram por matar-se. Segundo essa versão, Jocasta ainda vivia na condição descrita por Eurípides em *As Fenícias*.

De um material com calor de vida nasceu a evocação de que o casal deveria aparecer no palco da tragédia, primeiramente numa tetralogia de Ésquilo, sendo que a tragédia conservada *Os sete contra Tebas* vinha precedida de duas perdidas – *Laio* e *Édipo* – e seguida pela sátira *Esfinge*. Sófocles não precisou aqui encobrir uma sombra com vida e importância para tornar inesquecível a figura de Édipo, como foi o caso de Antígona, uma figura secundária na epopeia tebana. A nobreza e superioridade com que o Édipo de Sófocles se apresenta, a dignidade de um extraordinário mortal que após sua morte deveria receber o culto de um herói benéfico, tudo isso já lhe era peculiar, possivelmente em Ésquilo. Essa peculiaridade de Édipo, atestada pelo túmulo de herói em Eteono, na Beócia, e pelo lugar de seu desaparecimento em Colona, na Ática, talvez não tenha sido ressaltada por Sófocles naquele tempo de sua vida em que escreveu *Édipo Rei*, mas posteriormente, ao final de sua vida, quando escreveu *Édipo em Colona*. É a dignidade de um *tyrannos* no estilo de Péricles que está em primeiro plano. Era o estilo do tempo e, por isso, é preciso dizer que era sofocleano! Dignidade e estilo são importantes também em conexão com aquilo com que Sófocles elevou essa tragédia – como também a de Antígona – ao plano de uma predição.

Diz-se com toda a clareza, e com as palavras de um filósofo: "Onde está tudo às claras, não há nada a esclarecer". Às claras para o espectador, mas não para as pessoas enroladas no destino cuja situação deveria ser conhecida dos frequentadores de teatro de Atenas desde crianças.

Por que a epidemia? Por que este estado repugnante e desesperador da morte em massa que se conhece igualmente em Atenas – pela experiência do passado próximo? E então se ouvem, se não as primeiríssimas, mas as primeiras palavras significativas do régio Édipo (*Édipo Rei*, 74-78):

> Meus pobres filhos,
> sei muito bem
> o que vos traz aqui! Sei:
> Todos estais doentes, mas tanto quanto eu
> não há nenhum entre vós [...]

É a famosa "ironia trágica" em que o locutor fala uma linguagem ambígua, sem dela estar consciente. O poeta, que a colocou em sua boca, e o público se entendem apesar disso. Eles se entendem neste caso também no *assunto*, no essencial do que Sófocles pensa: o homem régio, que acredita estar com ele tudo em ordem, sofre de sua desordem que inconscientemente carrega consigo. Só há olhos para a epidemia que grassa lá fora, mas o necessitado de cura é muitas vezes o aparentemente sadio! Jocasta o diz com as mesmas palavras ao final já da "análise existencial" e que Édipo complementa com raiva autodilacerante (*Édipo Rei*, 1061).

> Doente estou o bastante!

Na história tebana antiga, a tragédia da aparência – conforme o constatou a filologia – tornou-se um *Ecce homo* de validade geral (Reinhardt, s.d., p. 104; Schadewaldt, 1960, p. 155s.). O coro a canta (*Édipo Rei*, 189-192):

> Quem será tão feliz
> a ponto de dar a impressão
> de muita felicidade
> e após a aparência, o fim de tudo?

Apolo, destrói a aparência. Por isso grita Édipo, após se ter cegado (*Édipo Rei*, 1329-1330):

> Apolo, amigos: foi o deus Apolo
> que me impôs o sofrimento, o meu sofrimento.

Tudo isso se passa de acordo com o restante da sabedoria da religião de Apolo, proclamada por Pindar[2]:

> O que é alguém? E o que é ninguém? O homem é um sonho de sombra.

Será que Sófocles proclamou exatamente isso e não algo humanamente parecido? Não se deve colocar maior peso na palavra "doente", pronunciada no começo e no fim da tragédia? Não seria possível que o médico chegasse mais próximo do que é concreto em Sófocles do que os filólogos? Freud (1936) não foi muito feliz em sua explicação, uma vez que só considerou na peça o assassinato do pai por Édipo, o que, na verdade, segundo a intenção do perpetrador, não foi um assassinato do pai. Interpretou o fato de o herói ter pecado sem saber e contra sua intenção "como a verdadeira expressão da natureza inconsciente de sua tendência criminosa" (p. 89s.), uma necessidade humana geral cuja materialização foram a fatalidade e o oráculo e que – deve-se acrescentar – Édipo trazia em si como uma doença oculta e impulsiva. Mesmo que Sófocles só visasse à confusão geral em Édipo, atingiu também aquele sofrimento humano em cuja busca estava Freud constantemente.

Sófocles retratou no *Édipo* a existência humana como ela se apresentava cada vez mais em sua vida. Anteriormente, em *Antígona*, como reclamando ajuda, inclusive na morte, agora como precisando de cura, até a morte (cf. Kerényi, 1947, p. 84). Em 442 a.C. promoveu a representação teatral de *Antígona* numa época de paz passageira em Atenas; depois disso seus con-

---

2. *Pyth. VIII*, cf. Kerényi (1937, p. 165).

cidadãos e espectadores quiseram elegê-lo um dos comandantes que deveria restaurar a democracia em Samos. Diz-se expressamente que queriam mandar o autor de *Antígona* para lá, ao lado de Péricles. Em 400 a.C. começou, sob Péricles, a pior crise: a epidemia. Os atenienses achavam que Apolo havia mandado a doença como havia prometido num oráculo aos espartanos (Tucídides II, 54). Segundo tudo indica, *Édipo Rei* foi produzido alguns anos depois. Os atenienses demonstraram logo que haviam entendido literalmente seu poeta quando este falava de doença. Quando, poucos anos depois, em 420 a.C., importaram de Epidauro o culto a Asclépio, o filho curador de Apolo, trouxeram o deus, representado por sua cobra, em primeiro lugar para a casa de Sófocles. Ele, por própria iniciativa, dedicou-lhe um altar e compôs um hino para seu culto. Exercia a função de sacerdote de Amino, um herói afugentador de doenças em Atenas e que recebeu, após sua morte, culto de herói sob o nome de "Dexion". Esse nome alude ao fato de ter ele saudado com a mão direita o deus da cura.

4

A transfiguração de Édipo, de assassino do pai e marido da mãe em herói beneficente, após a morte – fato que merece reflexão – uma vez que seu túmulo de herói e a narrativa sobre ele são consistentes entre si, começou na Beócia, em Citerão, sua terra natal. Também sobre isso há uma história. A princípio, era intenção enterrá-lo em Tebas, mas os tebanos não quiseram. Estava como que estigmatizado por seu azar e ninguém se lembrou de que, por isso mesmo, poderia agora trazer sorte. Resolveu-se então sepultá-lo em outro lugar da Beócia.

Aconteceram, porém, algumas desgraças naquele lugar e seus moradores acharam que a causa era a sepultura. Édipo foi, então, enterrado secretamente em Eteono, no Citerão. Ninguém sabia que o lugar se encontrava na sagrada circunscrição de Deméter, a grande mãe da terra ou Terra-mãe. Era a volta para o lar que foi aprovada pelo oráculo de Delfos. O lugar se chama também "santuário de Édipo".

Mas, graças aos poetas e contadores de mitos, foi objeto de outro mito maior do que apenas o relativo à sua terra natal. No demo de Colona, na soleira de Atenas, contava-se que o cego Édipo, em sua perambulação livre e dolorosa, chegou, ao final de sua vida, àquela "colina" – era e é "Colona" – e lá, num lugar consagrado a Deméter, passou para o reino dos mortos. Esse demo foi o lugar de nascimento de Sófocles.

Segundo opinião antiga, o poeta presenteou seu demo e o tornou famoso com sua tragédia *Édipo em Colona* – uma "das maravilhosas"[3]. Tinha mais de 90 anos. Previu sua própria passagem para o além e se uniu com olhos que enxergavam ao cego Édipo neste caminho: um herói sagrado e futuro dos atenienses que lhe veio ao encontro por assim dizer em seu lugar de nascimento. Nenhuma de suas tragédias é tão visionária como esta. Não é de admirar, nem mesmo entre seus tradutores, que um poeta escolha, em vista de sua própria morte, *Édipo em Colona* para traduzir e Sófocles, por assim dizer, como acompanhante em sua passagem para o além[4].

Sófocles teve Ésquilo como predecessor teatral de sua peça. Mas o *Édipo* de Ésquilo não podia ser escrito com a mesma ex-

---

3. Segundo o sumário antigo de *Édipo em Colona*.
4. O poeta húngaro Michael Babits.

periência e conhecimento que o último drama de Sófocles. É preciso reconhecer, porém, que também a peça de Ésquilo toca a esfera do além e pareceu estranhamente familiar às pessoas que foram iniciadas nela em Elêusis. O poeta foi acusado de revelar mistérios. Teve que ser absolvido porque provou que não foi iniciado em Elêusis. Foi um caso famoso de "falta de intenção"[5], porque era possível comprovar a concordância entre a visão dos iniciados e uma apresentação em palco do *Édipo* de Ésquilo. A semelhança entre as representações do poeta e da religião elêusica a respeito do encontro com a grande deusa-mãe dos ínferos tornaram bem possível uma concordância – ainda que Ésquilo provavelmente não quisesse influenciar os iniciados em geral com sua própria visão e por isso se mantivesse longe dos mistérios de Elêusis, que eram o orgulho de sua comunidade natal.

Do *Édipo* de Ésquilo só é possível concluir algo com certa probabilidade: seu conteúdo principal foi a morte de Édipo (Robert, 1915, p. 247) e seu palco foi Eteono. Lá estava o monumento do herói, talvez já no tempo de Ésquilo, com a inscrição em que o túmulo e a mãe-terra falam: "Em minhas costas trago malva e asfodelo de milhares de raízes; em meu seio trago o filho de Laio, Édipo" (Robert, 1915, p. 6). O lugar estava fora de Tebas, mas em sua proximidade: lá o cego deveria ser relegado por Creonte e seus filhos (Robert, 1915, p. 9). Amaldiçoou os filhos na primeira metade da tragédia, exatamente como em *Tebaida*. E em Eteono – ao final da tragédia – aparece-lhe a deusa, disposta a levá-lo em seu seio e a livrá-lo definitivamente da maldição de sua ação – das Erínias da mãe. Isso ou algo semelhante, uma obra do poeta de Elêusis, serviu de modelo ao poeta de Colona.

---
5. Cf. Kerényi (1959) e, para o que segue, Kerényi (1962, p. 91s.).

Disso pode provir que Sófocles tenha entrado por assim dizer com seu *Édipo em Colona* nos mistérios de Elêusis, sem revelá-los[6]. Nele havia maior cuidado e maior consciência daquilo que constituía maior arte do que era provavelmente o caso em Ésquilo. Este foi mais longe do ponto de vista do espetáculo, da visualização e, por isso, pôde ser acusado. O indizível, o que não podia ser dito, ficava em Sófocles nos bastidores. No primeiro plano ergue-se a colina sagrada, em cujo interior rochoso escadas de bronze conduziam ao mundo inferior. O poeta conhecia ali toda árvore. Tudo é "pintura dramática da história": a chegada do homem velho e cego com Antígona – esta que ficou famosa por causa de Sófocles –, o motivo da recepção em solo ático, a própria recepção por Teseu, herói fundador do Estado ateniense, a recusa de Creonte, a maldição de Polinice até o ponto em que Édipo empreende a entrada no pano de fundo metafísico da tragédia grega, isto é, no reino dos mortos.

Antes disso já haviam soado os versos pessimistas:

> Não ter nascido supera
> tudo! Mas já estando aqui
> Outra vez para ir, donde se veio depressa:
> esta é a segunda bênção.

A canção já não soa tão negativa quando se refere à entrada junto aos bondosos deuses do mundo inferior, junto ao subterrâneo Dioniso e à senhora maternal do reino dos mortos que enviam para cima os seus vivos e depois os retomam para si. A eles voltam os heróis das tragédias. Isso faz Édipo grande exemplo para todos, em primeiro lugar aos olhos dos espectadores, e depois na narração do emissário. O cego já vê Hermes,

---

6. Cf. acima, nota 5.

o condutor das almas, e a rainha do Hades, Perséfone, quando grita (*Édipo em Colona*, 1224-1228):

> Este é o caminho! Segui-me apenas!
> O guia Hermes me conduz e a rainha dos ínferos!

O emissário informa também sobre um chamado que vem da parte dos deuses: "Ouça, Édipo! Por que esperamos ainda? Você demora demais" (*Édipo em Colona*, 1929-1930).

Se a cena do aparecimento do pai de Hamlet se tivesse perdido, nada de importante ficaria faltando para conhecimento de Shakespeare, dos pressupostos de sua poesia dramática e do drama da era elizabetana em geral. Não se poderia dizer o mesmo sobre a essência da tragédia grega e sobre seus pressupostos, se o mundo tivesse sido privado do *Édipo em Colona*.

5

Freud não acreditou que o efeito de *Édipo Rei* só pudesse ser o de uma obra de arte insuperável. Segundo ele, o espectador reage "ao sentido e conteúdo ocultos da saga. Ele reage como se tivesse descoberto em si, pela autoanálise, o complexo de Édipo" (Freud, 1922, p. 345s.). Devemos reconhecer que a tragédia é "no fundo uma peça imoral, suprime a responsabilidade moral da pessoa, apresenta forças divinas como coordenadoras do crime e a impotência dos sentimentos morais do homem que se opõem ao crime. Poderíamos facilmente acreditar que o tema da saga fosse uma acusação contra os deuses e o destino e, nas mãos de Eurípides, crítico e afastado dos deuses, ter-se-ia provavelmente convertido em tal acusação". A crença de Freud na importância incomparável do tema do incesto como conteúdo de uma tragédia e sua expectativa em relação a Eurípides foram desmentidas pelo próprio poeta.

Freud não se deu conta da existência das *Fenícias* entre as tragédias conservadas de Eurípides. Aí foi minorada a concepção trágica do incesto não apenas em relação ao *Édipo Rei*, de Sófocles, mas também ao do *Édipo*, do próprio Eurípides. Esta tragédia se perdeu e a restauração de seu conteúdo não teve bom êxito em todas as fases do procedimento. Evidentemente Eurípides queria superar Sófocles no efeito. Por isso dividiu a descoberta da identidade do assassino do próprio pai e do esposo da própria mãe em duas fases e trouxe para o palco duas mulheres de origem régia. A segunda foi Peribeia, a mãe adotiva que veio de Corinto para comunicar a Édipo a morte de seu marido e para tranquilizá-lo de que não mais precisaria temer a predição do oráculo de que mataria seu pai e casaria com sua mãe. Talvez alimentasse a esperança, depois de ter descoberto o segredo de sua maternidade adotiva, de trazer Édipo para si como marido e rei.

Mas quando chegou, Édipo já se entendera como assassino de Laio, mas ainda não como seu filho. Creonte assumiu o poder e fez cegar Édipo pelos antigos companheiros de armas de Laio. Provavelmente Peribeia o teria levado para casa nessas condições, ainda mais que seria certamente expulso do país. Agora se manifestou em Jocasta qual a imagem ideal de esposa que produz a identidade inconsciente de mãe e mulher amante: um ponto alto do célebre conhecimento que Eurípides tinha das mulheres. Jocasta ainda não sabe que o cego Édipo não é apenas seu marido e quer segui-lo, em total submissão, em seu exílio. É um dueto do matrimônio perfeito[7] que ambas entoam – Jocasta no troqueu, com voz cantante. Com esse cântico mútuo de louvor,

---

7. A passagem principal foi restaurada por Carl Robert (1915, p. 315).

com esse cântico de triunfo do matrimônio, Peribeia é vencida – e no instante seguinte vem a segunda descoberta, com um efeito que deverá ter suplantado as descobertas progressivas do *Édipo* de Sófocles. Não sabemos donde ela veio e qual o efeito que teve. Édipo já estava cego, e não é de acreditar que Jocasta tenha sobrevivido ao clímax do drama, segundo as leis do crescendo da tragédia. Mas não é a descoberta do incesto que constitui o clímax, mas a *descoberta para si* que despedaça a única felicidade ainda possível de um infeliz casal humano.

Foi possível ao poeta trágico trazer para dentro da tragédia de incesto algo ainda mais terrível. Ao que sabemos da poesia dramática antiga, quem fez isso de forma espetacular foi Sêneca. Como protótipo de seu *Édipo*, o romano não escolheu a tragédia de Eurípides, ainda que fosse lida e representada muitas vezes. A ilustração de um exemplar, que circulava na Itália, é preservada numa reprodução plástica de uma urna funerária etrusca (Robert, 1915, p. 307, ilustração 48). Clássico, porém, tornou-se o *Édipo Rei*, de Sófocles, e este, Sêneca o tomou para uma reprodução latina. O característico do poeta romano e de sua cultura italiana, que também produziu urnas funerárias etruscas, decoradas com cenas trágicas, é o que o diferencia da obra ática. Em lugar da análise trágica, temos um juramento de morte, a violenta abertura do mundo dos ínferos. Laio é conjurado a sair do reino dos mortos. Enquanto a lúgubre cena prossegue atrás dos bastidores, o coro chama Baco – Dioniso – para o primeiro plano. Para Édipo vale o mesmo que para um imperador romano: não deve entrar em contato com semelhante celebração[8]. Em vez dos abalos espirituais no caminho da *verdade* que Édipo trilha diante dos espectadores atenien-

---

8. Tácito, Anais I,62: *neque imperatorem... adtrectare feralia debuisse.*

ses, descobrimos os detalhes de uma *profecia* etrusco-romana a partir das vísceras de vítimas imoladas. O espírito conhecedor de Laio revela todo o segredo. Édipo não precisa procurá--lo, basta apenas defender-se contra pressupostos inimigos. É a grande oportunidade do filósofo estoico Sêneca deixar que seu coro cante o *destino* dos estoicos e mostrar alguém que superou inclusive o oráculo, pois devido a Édipo também a mãe teve que matar-se. Em seu *destino*, o incesto foi apenas parte daquele todo que deveria lembrar o espectador, com a fúria do espanto, do *fatis agimur* – o destino nos conduz.

6

Quando Rousseau foi informado de que o jovem Voltaire, de 18 anos, escrevera uma peça teatral com o título de *Édipo* e já a havia lido para diversos grupos, escreveu para seus informantes[9]: "Tenho em bom conceito este jovem, mas morro de medo de que ele enfraqueça o terrível desse grande tema (*ce grand sujet*) misturando-o com amor (*y mêlant de l'amour*)". Voltaire o fez e por isso foi criticado por bons críticos de arte e conhecedores de Sófocles. Também a peça de Corneille não podia deixar de fazê-lo, e teve muitas dificuldades com os atores, que não encontravam suficiente de *l'amour* – é preciso dizê-lo em francês – na peça. Teve que esperar quatro anos para ser representada. Não queriam antecipar nada sobre o incesto e sua descoberta.

Do maior grau de "repressão" – assim deveria Freud considerar a reação dos franceses do século XVII e XVIII, a partir de seu ponto de vista – dá testemunho Corneille que teve muita

---

9. 20 abr. 1917, citado por Louis Moland no prefácio às Obras Completas de Voltaire.

dificuldade em levar aos palcos franceses seu *Édipo*, uma peça magistral de Sófocles ou Sêneca – esses dois eram protótipos inseparáveis para ele[10]. Não temia que aquele conteúdo da saga no qual, segundo Freud, estava o efeito da peça, fosse ofender a sensibilidade das damas! (*la délicatesse de nos dames*). Somente o preocupava a cena sangrenta da autoprivação da vista de Édipo, e que o amor não tivesse papel nenhum em toda a tragédia. Ele ajuda com a introdução do amoroso Teseu e de sua amante Dirce que ele inventou como sendo filha de Laio e Jocasta e, ao mesmo tempo, uma pretendente preterida ao trono de Édipo.

Independentemente do ponto de vista de Freud, é preciso constatar a maior distância do sucesso de Sófocles. Ninguém quer atribuir à "repressão" a ruína no mesmo tema – o tema de Sófocles. O primeiro passo para a dissolução consiste na perda da tensão espiritual em Sêneca e sua substituição por uma visão que os franceses acolheram sem titubear, ainda que abrandada como fenômeno de sonho. O segundo passo é dado por Corneille com a perda da concentração sobre a única pessoa, ameaçada interna e externamente: Édipo. Mesmo que arraste consigo Jocasta, sua queda deveria ameaçar desde o começo e não confundir os príncipes inferiores para o que Voltaire encontrou as palavras politicamente inflamatórias: *Rien que le fils d'un roi*![11] Com grande consciência Voltaire fez tudo para reconcentrar a tragédia, o que foi possível fazer no palco em sua época. Naquele tempo era possível a expansão do elemento político que estava sob desconfiança desde o *Édipo* de Sófocles.

A expansão começou também em Corneille com as reflexões dos dois reis Édipo e Teseu. No *Édipo* de Voltaire o especta-

---

10. Em seu *Examen* da peça.
11. Ato I, cena 1, ao final.

dor acreditava identificar referências a governantes conhecidos da época, vivos ou mortos, mesmo que não houvesse intenção neste sentido. Voltaire tornou Édipo atual por causa disso e não por causa do assunto incesto. Ele deu o que Freud esperava de Eurípides, um pioneiro do pensar, mais próprio do psicanalista, na boca de Jocasta que foi destruída pelo destino de Édipo[12]

J'ai fait rougir les dieux que m'ont forcée au crime.

7

Outro passo para a dissolução foi dado por Platen que deu um torneio aristofânico ao processo de decomposição e criou uma sátira literária e comédia, uma peça satírica por assim dizer, dentro da história dessa tragédia: *O Édipo romântico*. O notável desse gracejo é que, no sentido mais estrito, faz parte daquela história. É a defesa mais objetiva do *Édipo Rei* de Sófocles em sua insuperabilidade clássica no descaminho de uma *deductio ad absurdum* – a continuação consequente daquele caminho trilhado por Corneille, seguindo Sêneca, até o absurdo mais notório. A tragicomédia começa com o "amor" francês do par Diágoras e Zelinda, como Platen denomina Peribeia, a mãe adotiva de Édipo; ela recebe logicamente um nome romântico. O relacionamento mútuo do par, além daquele de Teseu e Dirce, de Filoctetes e Jocasta, um elemento romântico estranho no drama clássico, contribui para a comicidade. Há que admirar o senso crítico de Platen no plano objetivo: nada lhe escapa do que merece caçoada da parte de uma inteligência superior, versada nos clássicos, e descobre ao mesmo tempo a lógica interna do desenvolvimento.

---
12. O verso final da tragédia.

Nossa admiração deve prosseguir ainda quando *O romântico Édipo* entra na esfera subjetiva. Na parábase da comédia ática o poeta tem a liberdade de deixar o coro falar por ele; Platen introduz bruscamente uma fala do coro sobre a "Lüneburger Heide" – um símbolo para a Alemanha – cuja raça de ovelhas (*Heidschnucken*) oferece um autêntico coro aristofânico de animais. Platen trabalhou muitos meses, em 1927-1928, em Sorrento, Capri e na Ilha Palmária nesta confirmação da "verdadeira tragédia". Ainda não chegou ao ponto de criá-la e por isso se diz no início da parábase:

> Mostrar como surge não depende da opinião cômica do poeta,
> Para ele basta aprender de que canto das sereias deve fugir.
> E do qual sua faculdade criativa lhes dará hoje exemplo vivo.
> Ainda que viva longe...

Onde ele vive vamos ouvir no fim, no último canto do coro:

> Em Pinienhain, na enseada do mar,
> Onde a onda escoa, ensopada de espuma.
> Gosta de andar sozinho e onde nenhum ouvido
> o possa escutar além das montanhas.
> Nenhum aplauso dos amigos o estimula ao canto.
> Mas apenas uma abundância de sua própria harmonia.

Parece um autêntico discípulo de Sófocles, um aluno de Aristófanes, um espírito extraordinário que nos adverte. A advertência quer chamar a atenção para aquilo de que duvida o "público" da época e para aquilo que é dito por uma simples palavra sobre o tema no lugar certo:

> A arte trágica suportaria...
> ...somente a pura humanidade das paixões.

II Segundo ensaio

> O mundo depende das mães.
> Hofmannsthal

1

A segunda e última obra, publicada em livro, do poeta de *Hyperion*, antes de sua completa insanidade mental, foi *As tragédias de Sófocles traduzidas do grego* – versão de Hölderlin de *Édipo tirano* e *Antígona*. Chamando-a de "versão" faremos mais justiça a esse empreendimento. Hölderlin não tinha em mente apenas o que seu editor Friedrich Wilmans, de Frankfurt no Meno, anunciou quando a obra apareceu em 1804: "Uma tradução clássica, algo perfeito no gênero... O filólogo que comparar a obra com o original encontrará nela fidelidade completa, precisão e o espírito da língua alemã. O leitor culto, mesmo sem conhecimento da língua original, sentirá, ao ler este livro, o mais puro prazer de espírito e coração" (Hölderlin, 1952, p. 450). Se o leitor procurar no trabalho de Hölderlin a realização desse ideal, válido em geral para uma tradução, há de constatar uma frustração que necessariamente se faz presente na crítica contemporânea.

O filólogo que hoje vê nessa "tradução de Sófocles por Hölderlin" ao menos uma "criação estranha e preciosa" e deseja mostrar sua generosidade para com essa forma de expressão e, ao mesmo tempo, se manter cauteloso, deve achar que "as palavras malcompreendidas, as confusões, as referências incompreendidas entremeiam de tal forma a tradução de ambos os dramas que na média em cada quatro ou cinco versos encontramos uma confusão desse tipo. Isso significa que o texto alemão de Hölderlin só penetra às apalpadelas e de modo muito condicionado o texto grego de Sófocles, quando em Sófocles ele se desenvolve de modo contundente e preciso na fala de seus personagens e do coro. A situação fatídica geral e especial em que Hölderlin traduziu Sófocles impediu que em vários tópicos e em trechos inteiros tivéssemos informação precisa sobre o que Sófocles disse certa e naturalmente de seu determinado mundo para o seu determinado povo" (Schadewaldt, s.d., p. 14, 25).

Com profunda seriedade e grande respeito pela realidade humana, Wilhelm Dilthey (1905) referiu-se, em seu ensaio verdadeiramente clássico sobre Hölderlin como tradutor de Sófocles, a ele como a uma pessoa doente: "Seu senso rítmico permanece inalterado, sua linguagem ressoa e ganha o tom comovente da dor. Mas ele perdeu o domínio sobre o grego, confunde palavras conhecidas com outras de som semelhante. Nas notas temos diante de nós, qual monte de destroços, a poética de seus melhores dias. Tem-se a tentação de nela penetrar, mas enfastiados e decepcionados nos mantemos a distância para não prosseguir no sem-sentido de uma profunda e oculta melancolia. É visível sua incapacidade de manter uma conexão lógica" (Dilthey, s.d., p. 456). Para ser mais correto, o sentido das notas não está no plano lógico-teórico, mas na autoconservação prática e espiritual.

Ambivalente, mas profundamente perplexo ficou Karl Reinhardt que sentia verdadeira repulsa pelas "ratas" linguísticas de Hölderlin, antes que a música de Carl Orff tivesse redimido *Antígona* (o mesmo acontecendo depois com *Édipo tirano*) mas, após a estreia em 1951, era esperada uma palavra desse grande filólogo sobre "Hölderlin e Sófocles". Ele se saiu bem falando daquele tipo especial de desvio do ideal genérico de fidelidade de uma tradução, o que Hölderlin quis atingir e mediante o qual temos agora sua versão das duas tragédias; se é algo frustrante, ao menos o é num plano escolhido por ele mesmo e mais elevado do que o de uma tradução malfeita.

> Trágico é para ele um tipo de revelação ou profecia despido da forma do eu... Para ele a tragédia de Sófocles é uma peça de redenção e que desperta de novo a plenitude dos deuses... A possibilidade do redespertar é condicionada pelo ritmo da era do espírito, Os dramas de Sófocles são para ele textos sagrados redescobertos. Redescobertos porque começa a preparar-se uma nova proximidade dos deuses. Como entende tudo de seu tempo, vivencia também seus antepassados, seu ser-abalado, sua condenação, sua veneração, seu sofrimento e tudo o que se nos apresenta como objetivo, como um momento do "tempo feroz". Para ele o tempo é o extático no qual o ser se revela (Reinhardt, 1960, p. 382, 386s.).

Em todo caso, está nas *Notas a Édipo*, de Hölderlin, também a singela frase sobre Deus que "nada mais é do que tempo". Não podia ter a distância e a visão do todo daquilo que então criara, como o filólogo que se serviu da linguagem da filosofia do ser, de Heidegger, na maneira de dar sua interpretação de Hölderlin. O poeta falou de sua tarefa como tradutor, única que via diante de si e muito pouco precisa. Pelo simples fato de pensar nela já foi elevado, por assim dizer, a um plano mais elevado a partir do qual permitiu-se dirigir estas palavras (ao editor): "Espero apresentar ao público de modo mais vivo a arte grega, que nos é estranha, lançando mão da conveniência nacional e erros com os quais sempre conviveu; acentuo mais o aspecto oriental – que ela negou – para corrigir sua falha artística quando ela aparece" (Hölderlin, 1954, p. 434).

Certamente queria que fosse entendido algo bem-definido pelo que dizia – por "oriental" queria significar, por exemplo, o primitivo; devemos supor que isso incluía também o "arcaico" ao qual Hölderlin também aspirava espontaneamente em sua mitologia grega – o tom, porém, já estava muito alto (28 de setembro de 1803) e característico do novo e penúltimo estado mental do poeta. É difícil traçar uma linha divisória entre um estado de deslumbre, do qual existe um retorno para o chão da realidade, e um estado de demência, do qual isso já não é possível, enquanto o não-ser-possível-retomar não se tenha mostrado definitivo. Já na visão utópica do hino *Friedensfeier* (Celebração da paz) caíram para Hölderlin os limites em relação à realidade política. Esta começou a ser absorvida no mundo irreal e especial de um extático. Um mundo intermédio entre a história e a pura imaginação surgiu na fantasia do poeta e, logo depois, do tradutor que adaptou suas *Tragédias de Sófocles* a este mundo especial. Seu *Édipo tirano* nasceu neste chão e sua *Antígona* num estado já bem mais avançado de deslumbramento.

O caminho político de Hölderlin foi o de um republicano inspirado na Revolução Francesa e arrastado por Bonaparte. Quando ouviu as primeiras notícias da paz de Lunéville (1801) precipitou-se no mundo da pura imaginação e saudou na primeira edição de seus hinos a paz divina, descida do céu. Mas visto de lá, de onde acreditava ter chão firme – inclusive político – sob os pés, a partir da perspectiva de seu amigo Sinclair e também de damas principescas da corte, apareceu também uma aproximação terrena, graças ao primeiro cônsul, o negociador da paz em 1801, tornando possível a visão do poeta. E assim a última e genuína versão dos hinos ficou aparentemente mais terrena. Mas apenas aparentemente! A mistura da imaginação poética com a realidade histórica é um sinal de insanidade mental. Não sabemos a quem Hölderlin confiou sua *Celebração da paz*, em forma de folheto. Pensava no mesmo editor que publicou sua tradução (Hölderlin, 1954, p. 436). Dedicou as *Tragédias* à princesa que partilhou seu entusiasmo por Bonaparte em 1799 – mas agora num tom que naquele tempo ainda não lhe era possível.

Talvez a Princesa Auguste von Homburg não fosse uma adepta tão calorosa de Napoleão como sua mãe, a condessa. No poema em comemoração do aniversário dela puderam figurar estas linhas no mesmo ano em que o general se tornou ditador:

> Solitário, ó princesa! está
> o coração do nascido livre não
> por muito tempo na própria felicidade; pois dignamente
> se associa o próprio herói ao louro,
> o belamente amadurecido proscrito...
> (Hölderlin, 1954, p. 311)[13].

Não sabemos ao certo se o próprio Hölderlin entregou a ode à princesa, ou se Sinclair foi o intermediário. Auguste, que nutria um grande, mas secreto amor por Hölderlin, respondeu a esse "hino lisonjeiro" com algumas linhas confidenciais, que foram conservadas. Seu estilo está dentro dos antigos cantos de

---

13. Cf. W. Kirchener, em *Hölderlin-Jahrbuch* 1951, p. 108.

louvor: "Sua carreira começou, começou tão bela e segura que não precisa de incentivo; somente minha verdadeira alegria por seus triunfos e progresso haverá de acompanhá-lo sempre. Auguste" (Hölderlin, 1954, p. 70). Não chegou a haver diálogo entre os dois, muito menos um diálogo público. No "Testamento" da princesa – em suas confissões posteriores – consta o seguinte: "Nestes poucos anos falei com ele umas três ou quatro vezes, praticamente nada (sublinhado por ela) – talvez o tenha visto seis vezes. Mas a fantasia tem livre-curso" (Hölderlin, 1954, p. 81). Talvez ela também tenha chegado à insanidade mental, mas ninguém deveria suspeitá-lo, muito menos o poeta.

Na condição em que estava quando mandou para a impressão *As tragédias de Sófocles*, escreveu a dedicatória "À Princesa Auguste von Homburg". A crítica contemporânea achou isso descortês e inconveniente, mas ninguém sabia que Hölderlin estava respondendo publicamente a um bilhete tão íntimo.

> Anos atrás, a senhora me incentivou com um bilhete encantador e eu fiquei de responder este tempo todo. Mas, como um poeta entre nós tem que fazer algo por necessidade ou prazer, escolhi esta ocupação porque está vinculada ao desconhecido, mas também a leis históricas seguras. Desejo além disso, se tiver tempo, cantar os antepassados de nossos príncipes, seus tronos e os anjos da pátria sagrada. Hölderlin.

Essa dedicatória reflete o mundo contemporâneo de Hölderlin: a princesa e o poeta estão no mesmo plano, e o poeta vê sua tarefa claramente em sua concepção do universo. Não consiste apenas em ser um cantor como eram os cantores gregos, portadores e geradores de um canto essencial que afirmava e difundia o divino, mas ele "entre nós" – na pátria de Hölderlin –

também faz outra coisa por necessidade ou prazer. Escolheu a ocupação de tradutor. Era um *parergon*, um trabalho acessório que executou como tal e não como sua própria poesia trágica, comparável à *Morte de Empédocles*. Mas podemos perguntar sobre esta necessidade: sobre a lacuna que desse modo foi preenchida. "Falta à poesia moderna" – assim lemos nas *Notas a Édipo* – "sobretudo instrução e habilidade técnica. Seu processo é medido e ensinado; e, uma vez aprendido, pode ser repetido com sempre maior confiança na prática". A poesia foi um *mechane* – um instrumento – dos antigos e a tragédia um instrumento do equilíbrio: "No trágico existe mais equilíbrio do que simples sucessão". A força da natureza se manifesta na fúria; e o mais íntimo do homem, na "unidade sem limite"; aí acontece o extraordinário quando "Deus e o homem formam um par". A representação do trágico reside principalmente aí, de modo que o poeta calcula e atinge o equilíbrio, seja como em *Antígona*, onde se tende mais do começo para o fim, seja como em *Édipo*, onde se toma o caminho contrário.

Independentemente dessa concepção que o espectador (ou leitor) da tragédia pode adotar ou não, nela se exprime, como em nenhum outro gênero, o patológico, o necessitado de salvação. O poeta coloca exatamente sobre este conteúdo – sobre o "sentido e conteúdo oculto da saga", tão importante para Freud (1922, p. 345s.) – uma espécie de máscara. Traduz de modo pedante e literal as passagens em que Sófocles fala da doença de Édipo e Jocasta (*Édipo Rei*, 58-61, 1061), ao passo que Hofmannsthal as perifraseia no início da tragédia:

> Conheço os nomes
> de todos os vossos sofrimentos – conheço – vou com eles
> para a cama e me levanto com eles.

E, mais tarde, na boca de Jocasta:

Minha dor é suficiente.

Parece que a doença de Édipo com este "vou para a cama" deixa frio o doente Hölderlin, ao menos se comporta em relação a ela de modo duro e impassível. Por isso a composição musical de Orff teve mais forma recitativa e de oratório em *Édipo* e de lamento fúnebre em *Antígona*. A preocupação de Hölderlin, em ambas as tragédias, foi a reprodução exata dos títulos *tyrannos* e *anax*. Entre os modernos tradutores e intérpretes de Sófocles, Karl Reinhardt (1947, p. 104) se decidiu, por motivo de exatidão, pelo termo latino *Oedipus Tyrannus*. Para Hölderlin, o título grego *Oidipus Tyrannos* é significativo no tempo revolucionário de *Édipo tirano*, com o qual se defronta Tirésias na "cesura" da tragédia. Na apresentação de Hölderlin, o vidente é parente do poeta como cantor. Quando traduz *tyrannos* e *tyrannis*, usa os termos *Herr* e *Herrschaft* (senhor e domínio), intolerável para o "nascido livre" na ode à Princesa Auguste.

Em *Antígona*, Hölderlin traduz *anax* por "rei" e "príncipe"[14], forma usada pelos gregos para dirigir-se aos deuses e pessoas ilustres, combinada com a liberdade de quem falava. "Príncipe da Festa" foi também o Cônsul Bonaparte na *Celebração da paz*, mas num sentido da época e não no sentido especial e germânico. Questão inútil é saber se o fato de o cônsul se tornar imperador em 1804 afetou ainda mais a doença de Hölderlin, que já era manifesta desde 1800. Certamente não foi isso que causou a derrocada final. O poeta também não demonstrou ser súdito do Príncipe Eleitor Frederico II de Württemberg quando Sinclair foi processado na

---

14. Verso 988, na tradução verso 1025.

corte dele por alta traição (Kirchner, 1949, p. 63s.). O esboço do hino *Ao príncipe* dá testemunho disso ("Mas o que se pode pensar do príncipe quando..."). "Com submissão" expressou-se apenas "Scardanelli", o totalmente mudado Hölderlin, e em suas cartas do tempo da demência completa nunca esteve tão submisso a ninguém como à sua mãe.

2

Não é fácil hoje em dia considerar o tema Édipo – o assassino sem saber do pai, ligado à tomada de posse de tudo o que se deseja – somente como motivo apolítico e não, ao mesmo tempo, como um possível assunto político. Mas deveria ser reconhecido, em seu significado, ao menos como possibilidade humana em geral. Isso aconteceu por meio de Sigmund Freud. É um fato histórico que podemos constatar cronologicamente, mesmo não tendo a intenção de generalizar unilateralmente as conclusões desse estudo, principalmente ao examinar as obras literárias das quais a psicologia pode aprender no mínimo tanto quanto elas podem aprender da psicologia. Obras de nosso século podem e devem ser vistas sob esse prisma como as de Hofmannsthal, André Gide, Jean Cocteau e Thomas Stearns Eliot.

O primeiro esboço apareceu antes do início do nosso século. Freud escreveu, em 15 de outubro de 1897, a Wilhelm Fliess: "Ocorreu-me um único pensamento de validade geral. Encontrei também em mim enamoramento por minha mãe e ciúme contra o pai e tenho isso agora como fato geral na tenra infância... Se isso for assim, entende-se a empolgante força de *Édipo Rei*... a saga grega expressa a compulsão que todos reconhecem, pois experimentaram em si a existência dela. Todo ouvinte já foi, em embrião e na fantasia, um tal Édipo, mas, diante da realização do sonho trazido para a realidade, todos se horrorizam com toda a soma de repressão que separa sua condição infantil da atual" (Freud, 1950, p. 193). Cinco anos depois, em outubro de 1902, Freud fundou em Viena o "Clube psicológico da quarta-feira" e desde então tinha-se que contar com o surgimento de uma atmosfera em torno a este círculo vienense no qual suas ideias básicas causavam grande interesse mesmo sem mediação literária.

Em 1901, Hofmannsthal ficou impressionado com a figura de Electra, de Sófocles. Na composição da peça, em 1903, já se fazia sentir aquela atmosfera, ainda que a simples explicação psicológico-profunda do caráter amargo da heroína tenha sido de sua autoria, sem a influência concreta e comprovada de Freud. Começa então um período em que a influência de Freud como também a de Bachofen sobre Hofmannsthal não pode ser separada da atividade criadora do poeta e de seu efeito reflexo sobre a atmosfera. No começo de 1904, Hofmannsthal se ocupa com um projeto *Édipo em Colona*, mas isso não prova que uma representação de *Oedipe Roi*, no teatro da Comédie Française em 1900 (Hofmannsthal, 1937) o tenha afetado da maneira como Freud supôs que deveria acontecer e como ele mesmo sentiu o efeito. Mas um efeito *semelhante* do tema exatamente naquela época tornou-se mais possível do que antes, e essa foi a provável base da poesia-Édipo de Hofmannsthal, uma criação paralela à psicologia de Freud, baseando-se ambos na mesma visão das possibilidades da natureza humana.

Em setembro de 1904, Hofmannsthal quis trabalhar em Veneza na peça *Jedermann* (Todos os homens). Caiu-lhe então nas mãos – segundo ele mesmo conta[15] – "uma peça francesa com o título *Édipo e a esfinge*, e o seu conteúdo me agradou tanto que comecei imediatamente a fazer o mesmo". A peça era de Joséphin Peladans, mas Hofmannsthal tirou todos os detalhes para seu drama de *Oidipus Tyrannos* e com tal maestria que era necessário concluir tivesse consigo as tragédias de Sófocles. O leitor atento de sua peça *Édipo e a esfinge* deve perguntar-se com que material Hofmannsthal poderia encher a segunda peça de sua planejada trilogia, uma vez que já antecipou tanta coisa do drama do autoconhecimento. O plano da trilogia não está apenas aí por escrito[16], mas também na própria peça acabada: ela é toda exposição, tão cheia de preparação – preparação também de uma tragédia de Creonte – e já levada com isso a tal grau de intensidade que paradoxalmente se tornou um fragmento assombroso, em certo sentido só comparável ao fragmento *Andreas*. Nem no existente fragmento *Andreas*, nem em *Édipo e a esfinge* foi possível aumentar mais a intensidade ou simplesmente mantê-la para a continuação.

Quem é esse Édipo de quem nosso século tomou conhecimento de modo mais verdadeiro e correto por meio de Hofmannsthal do que por meio de Freud? É o homem antiquíssimo que vive em todos os violentos e homicidas – homicidas não só do pai – e em todos os doentes de raiva, doença que também atingiu por certo tempo o meigo e gentil Hölderlin. Sua natureza de inata irascibilidade já se manifesta quando aparece em cena pela primeira vez: na fatal "encruzilhada nas terras da Fócida", quando sua raiva atingiu o

---

15. Carta de 21.09.1904.
16. Cf. acima nota 5; para as datas, cf. Jens (1955, p. 91s.).

grau de uma possessão demoníaca. É um sonâmbulo da raiva. O velho e fiel servo Fênix assim o descreve:

> Não te podes ver, quando a raiva
> te sacode a ponto de ficares preto como a morte,
> e então branco como espuma. Eu já te vi,
> faz meu coração estremecer.

Ao que disse o próprio Édipo, omitindo a execução do ato em que foi o raivoso homicida:

> A palavra já o matou?
> A simples palavra? A Lico perfeitamente vivo?

só existe um único paralelo: a conceituação de Hölderlin da "palavra efetivamente mortal" em suas *Notas a Antígona*. Encontramo-la numa fase mais avançada de sua doença que se caracterizava por acessos de raiva, ao tempo do *Édipo tirano*. Hofmannsthal ocupou-se poeticamente, como verdadeiro explorador, com o âmago de uma alma irada.

O raivoso sonha o sonho profético que prenuncia o destino de Édipo de maneira mais clara – e além disso com laivos de prazer – do que um oráculo poderia fazer:

> – certa vez
> minhas mãos mataram um homem:
> e ébrio estava meu coração do prazer da raiva.
> Queria ver seu rosto, mas um pano
> o encobria, e o sonho já me levava adiante,
> levou-me o sonho para uma cama, onde
> eu estava deitado com uma mulher em cujos braços
> me senti como se fosse um deus...

Ao oráculo só coube a interpretação:

> O prazer do homicídio

expiaste no pai.
No abraço da mãe expiaste o prazer.
Assim foi sonhado, assim acontecerá.

Um sonho individual de destino? Quem se entrega ao prazer da ira e do amor – prazer amoroso reservado à mãe – será castigado com homicídio do pai e incesto. Esse é o ponto de vista do oráculo, segundo Hofmannsthal. Mas que castigo é esse se o apenado se sente como um deus nos braços da mãe? Soa bem mais abrangente na boca de Édipo do que um simples sonho individual poderia expressar:

Sonhei
o sonho da vida –!

A vida "galopeia" dentro de Édipo qual "água furiosa" para esse sonho. Esse seria, segundo Freud, o "sonho da vida" como tal. Mas com uma diferença importante. Em Hofmannsthal, Laio é um indivíduo rancoroso que provocou e mereceu o golpe de morte. Mas a mãe! "Sim, as mães" – diz Jocasta –,

as mães atraem tudo,
o sangue é forte, o mundo depende das mães.

Édipo ainda não tocou em mulher. Por quê? "Por causa de minha mãe". Independentemente da relação com o pai, está aí a mãe como fonte de um prazer que outorga divindade. A terminologia de Freud estaria correta aqui: trata-se do autêntico objetivo da libido, o prazer máximo! Para este objetivo, a satisfação proibida, Hofmannsthal tem palavras como nenhum outro. Mãe e filho que são determinados pelo destino a esse prazer podem lamentar-se e gritar de alegria como lá foi lamentado e gritado de alegria. Eles são sagrados, *sacer*, no sentido original e ambivalente da palavra latina, e eu acrescento: sagrados e malditos ao mesmo tempo! Um Édipo é amaldiçoado por seu destino – e consagrado como rei e salvador: "Escolha" é a palavra correta. Thomas Mann usou-a em seu *O escolhido*. A esfinge não propõe ao Escolhido seu enigma infantil, mas grita:

> ...salve, Édipo!
> Salve, aquele que sonha os sonhos profundos

e se atira no abismo diante de tal destino. Antíope, a mãe de Laio, a representante da antiquíssima religião das mulheres, grita:

> Baco, nós clamamos a ti, somos produto
> do teu sangue de ouro. Jocasta, vem cá!
> Tira esta roupa! Quem cobre o corpo com miséria
> quando um deus vem para casar-se contigo?

O inimigo Creonte desdobra seu manto de púrpura aos pés do par terrivelmente escolhido. E a escolhida diz:

> Ó meu rei,
> nós somos mais do que os deuses, nós
> somos sacerdote e vítima, nossas mãos
> santificam tudo, nós, e apenas nós, somos
> o mundo.

Em outras palavras: nós unidos somos o chão primevo.

A maior *hybris*? Excessiva presunção devido à qual o castigo deve vir? Poderia ser, se a alusão não fosse tão profunda. Ela vai – não importa com que consciência do poeta – na direção da tendência primitiva da união do feminino com o masculino produzido por ela, da união e realização que a proibição do incesto impede na sociedade humana. É uma alusão que, se bem-entendida, explica a causa mais profunda da doença que une Édipo e Jocasta. Quão insípido é este diálogo ao final da tragédia, nada mais sendo do que um canto de triunfo, a promessa de uma vida feliz no poder! Sobre isso deveria fundar-se o trágico da segunda peça, mas já não havia como pensar em algo tão audaz e tenso como neste primeiro drama. Provavelmente Hofmannsthal percebeu isso ao escrever o último ato e, em 1905, traduziu como acessório e substituição, "adaptado para um novo palco", e para uma representação contígua, a tragédia de Sófocles, com o título *Édipo Rei*.

3

"Freud. O freudismo... Há dez, quinze anos me ocupo com isso sem entendê-lo", escreveu André Gide no seu diário, dia 4 de fevereiro de 1922. Chegou à conclusão de que já era tempo de publicar *Corydon*, sua apologia da homoerótica. Gide não tentou olhares que dão vertigem para as profundezas psicológicas donde se pode inferir que o homoerótico evita as mulheres por causa de sua mãe, como acontece com o jovem Édipo na obra de Hofmannsthal. O que considera mérito de Freud, ele o diz claramente, a 19 de maio de 1924: "Parece-me que devo ser grato a Freud principalmente pelo fato de ter acostumado o leitor a ouvir falar de certos assuntos, sem levantar protestos ou fazer corar de vergonha. O que ele nos traz é sobretudo o destemor, ou melhor, ele nos liberta de um tipo de vergonha, falso e doloroso".

Aqui temos uma confissão lançada à superfície e a descoberto, sem profundezas e dissecações, onde Hofmannsthal continua sendo insuperável com seu *Édipo e a esfinge* entre todos os que trataram do tema. Gide também considera Édipo exatamente dentro da visão tradicional, quando menciona pela primeira vez em seu diário, em 1910, a tragédia de Sófocles: "Édipo que passa da felicidade de não saber para a infelicidade de saber", por meio do fato revelador – *l'événement révélateur* – que este – e não o herói – cria o drama. Esse tema vai ocupá-lo por décadas. Em 1930, quando finalmente terminou de escrever o drama, queixou-se do lento crescimento de seu Édipo: *"Des lenteurs de végétation de mon Oedipe"*. Contou a Roger Martin du Gard sua concepção de uma peça que ironicamente se deveria chamar *Oedipe ou le triomphe de la morale*. "Deveria ter escrito a peça antes", acrescenta (7.5.1927).

Seu amigo Roger Martin du Gard fez, em 1920, observações sobre o que Gide lhe havia dito e ficamos surpresos como este *Novo Édipo* – pois a peça deveria por certo tempo (1927) receber o título de *Le nouvel Oedipe* – foi adaptado por Gide: *"Un Oedipe rayonnant, fier de sa réussite, actif, ignorant tout souci: un Oedipe goethéen"* (Du Gard, 1951, p. 21). Um Édipo-Goethe: aqui está a ênfase.

Tal Édipo não estaria muito longe do solucionador de enigmas e sábio rei de Tebas, como parecia ser o de Sófocles. Mas em Sófocles ao invés do parecer temos o ser. Também o *événement révélateur* foi para Gide, por volta de 1920, o essencial nessa tragédia. A grande mudança de Gide em relação ao tema Édipo é que pode dizer agora sobre essa mudança: *"Et puis, sans qu'aucun événement nouveau ne se produise"*. A isso Martin du Gard observa: *"Aucun événement? Il apprend qu'il a tué son père, épousé sa mère, etc... Peu de choses, en effet!"* Uma apropriação do tema Édipo por parte de Gide ocorreu entre 1910 e 1920. Levou a um drama em prosa – muito curto para encher uma noite – que foi encenado pela primeira vez por Pitoëff em Antuérpia, a 10 de dezembro de 1931, mas que preocupou ainda mais seu autor. Era uma obra de "profunda exigência" (*profonde exigence* – 31.03.1930) e Gide achou necessário defender melhor sua peça e escreveu sobre seu Édipo "*le mien*" em seu diário – e assim se tornou pública – a seguinte defesa:

> *Il y a, dans les plaisanteries, trivialités et incongruités du mien, comme un besoin constant d'avertir le public: vous avez la pièce de Sophocle et je ne me pose pas en rival; je lui laisse le pathétique; mais voici ce que lui, Sophocle, n'a pas su voir et comprendre et qu'offrait pourtant son sujet; et que je comprends, non parce que je suis plus intelligent, mais parce que je suis d'une autre époque; et je prétends vous laisser voir l'envers du décor, cela dût-il nuire à votre émotion, car ce n'est pas elle qui m'importe et que je cherche à obtenir: c'est à votre intelligence que je m'adresse. Je me propose non de vous faire frémir ou pleurer, mais de vous faire réfléchir*[17] (Gide, s.d., p. 1.151).

Temos aqui certamente uma rivalidade; uma rivalidade condicionada pela época, mas também condicionada pela inabalável juventude e imaturidade nunca superada de Gide, sua eterna puberdade que Goethe atribui ao seu ideal, ao seu gênio, mas que se caracteriza, além da grande ousadia, por muitas transformações. O que Gide procurou durante toda sua vida com ousadia e consciência foi um hiper-helenismo. Ele queria ser um supergrego. O que reprime é a ambivalência do *sacrum*;

---

17. Existem nas brincadeiras trivialidades e impropriedades de minha parte, como uma necessidade constante de advertir o público: vocês estão com a peça de Sófocles e eu não ouso com ele rivalizar; deixo para ele o patético; mas aqui está o que Sófocles não soube ver e compreender e que prejudicou seu tema; mas eu o compreendo, não porque seja eu mais inteligente, mas porque sou de outra época: pretendo fazê-los ver o lado reverso do cenário; isto pode ferir a emoção de vocês, mas não é ela que me importa e não é ela que procuro obter: é à inteligência de vocês que me dirijo. Eu não me proponho fazê-los tremer ou chorar, mas fazê-los refletir.

na esfera da vida – não excluído o sexual – essa ambivalência sempre esteve presente, inclusive entre os gregos. É o *aidos*, o sentimento de vergonha perante os deuses, o horror diante dos mistérios, exatamente aquilo que preenche a primeira e maior parte do *Édipo e a esfinge* de Hofmannsthal. Para conhecer em seu sentido mais pleno essa repressão, característica de Gide, consideremos o que foi dito sobre essa característica, numa referência a seu romance de 1926, *Les faux-monnayeurs*:

> Este romance é de qualquer maneira falso em sua base. O problema do amor entre pessoas do mesmo sexo é tratado também por Marcel Proust... Toda a sociedade hodierna desaprova esta paixão; e quem a ela se entrega comete o pecado que Proust chama de *l'opprobre*, o opróbrio que toma sobre si e com ele procura sentir-se em casa. Em *seu Les faux-monnayeurs*, Gide esconde exatamente este aspecto importante da realidade: seus homens vivem como se todo mundo aprovasse calado seu modo de vida. Ele omite que sua acabrunhante vergonha também compromete a autoestima aos seus próprios olhos; cala o fato de semelhante pessoa não ter coragem de olhar para o próprio rosto, porque também ele, Gide, pertence a este grupo, mas não tem a coragem de olhar nos seus e nos olhos da realidade. Desse modo, Gide não só criou a nova contemplação da alma, mas traçou ao mesmo tempo seus limites (Szerb, 1938, p. 60s.).

O conteúdo dessa crítica – de forma mais concreta: não poder enxergar com os próprios olhos toda a verdade – é procedente e exato. Para maior espanto de Martin du Gard, o que Gide não queria ver e por isso teve tanta dificuldade em acomodar o não-querer-ver, a extinção da própria luz dos olhos em seu modelo-Édipo, foi a situação de viver no "opróbrio":

um opróbrio que, visto socialmente, pode ser também relativo, mesmo que se trate de incesto assombroso e sedutor, quando a ambivalência transcende a realidade. O maior problema era encontrar a razão para seu Édipo-Goethe, o supergrego para Gide, se cegar, quando ele – exatamente como Gide – estava impedido sem mais de ver o horror do incesto.

Consequente com sua natureza-Goethe-Gide, este Édipo não deveria cegar-se. O que fazer? Viver em casamento com sua mãe e gerar filhos com ela? *"Si mes fils sont aussi mes frères, je ne les aimerai que mieux"*[18]. Ele aprova inclusive os desejos incestuosos de seus filhos com relação à irmã ao testemunhar por acaso uma conversa deles. Trazer para o palco conversas sujas de crianças no quarto, tão longe foi Gide – com Freud, segundo acreditava. Mas também parou aí. Seu Édipo apenas se lança em rosto sua decepção, pois na pessoa de sua mãe se tinha casado com todo o seu *passado*, quando estava sendo chamado por seu *futuro*. Como homem cego gostaria de ir contra ela. O "passado" é a palavra para a mãe, mas que deveria ser reprimida a qualquer preço. O sentido primitivo da cegueira foi o fato de Édipo tê-la visto nua e, por isso, devia ser castigado. *"Ce que mes yeux n'auraient pas dû voir"* – essas palavras são inclusive usadas por Gide. Mas ele preocupou-se, ligado fortemente ao velho motivo, com um novo sentido, mesmo depois que seu drama estava escrito.

Uma nota melancólica, de maio de 1927, indica quão difícil foi para ele passar desse campo puramente intelectual e escolhido por ele para aquela realidade evidente na tradição: "Deveria ter escrito a peça antes" – precisamente naquela época em que, apesar de Martin du Gard, conseguiu escapar com o

---

[18]. Ato III (diálogo com Creonte).

seu "*événement révélateur*". Isso se tornou mais difícil com o passar dos anos. A cegueira era na peça narrada nada mais do que "*entrer dans cette nuit, peuplée de souvenirs heureux, qui seule peut lui rendre sa vision optimiste du monde, et le goût de vivre*" (Du Gard, 1951, p. 22). Ao tempo dessa constatação melancólica, menciona como plano, além de seu *Nouvel Oedipe*, também um *Diálogo com Deus* e que certamente exporia seu "humanismo heroico" contra a situação religiosa convencional[19], exatamente porque só previa a possibilidade de um *Oedipe ou le triomphe de la morale* no palco. Contudo apresenta o representante da moral vitoriosa, Tirésias, de maneira cristã, no estilo do passado francês, incluindo-se aí também seu Creonte como cortesão, e Antígona com mentalidade de uma freira. E, no dia 10 de maio, segue o seguinte registro misterioso: "*Non pas: Le nouvel Oedipe – mais bien: La Conversion d'Oedipe. Le titre me paraît excellent*".

No drama, porém, não há nenhum indício de conversão. O cegamento é um ato incalculável de libertação da rede do deus, do oráculo que não predisse exatamente isto: um procedimento no estilo dos *actes gratuits* de Gide. "*Inventer quelque geste fou, qui vous étonne tous, que étonne moi-même, et les dieux*". Assim se lê na explicação do drama, mas isso ainda não satisfez Gide. O drama ainda não fora representado quando, em 18 de janeiro de 1931, já planejou o epílogo na forma de um diálogo entre Édipo e Teseu. Teseu era o outro, modelado segundo o jovem e bem velho Goethe, o tipo ideal, hiper-helênico de Gide. O plano foi executado como epílogo a Teseu, o testamento intelectual de Gide, que ficou pronto em 1944,

---

19. Cf. Helen Watson-Williams (1967, p. 112).

mas só publicado em 1946. Aí encontramos o que Gide quis dizer com a conversão de Édipo: uma introversão com a qual retorna em parte à sua concepção de 1920. O modelo de um diálogo entre Édipo e Teseu foi dado no *Édipo em Colona*, de Sófocles. O *Teseu* de Gide pode ser considerado de certa forma e em certas passagens como seu *Édipo em Colona*. Isso aparece também no monólogo de Ícaro, ao menos na forma de uma pergunta e pressentimento: "Que grande *mãe* vos gerou, figuras múltiplas?" (O realce da palavra vai além de Gide.) E, pela boca de Teseu, Gide fala abertamente de sua própria e nunca esclarecida relação com o cegamento. Temos que ouvir as duas figuras para perceber o que Gide pensava do tema Édipo e o que experimentava dentro de si[20]

> Neste pavoroso atentado contra si mesmo havia algo que eu não conseguia entender. Contei-lhe de minha perplexidade. Mas tenho que confessar que sua explicação não me satisfez; talvez eu não tenha entendido bem.
> – Disse-me que dei um impulso à raiva; só poderia dirigi-la contra mim mesmo; a quem outro poderia eu me ter restringido? Em vista da enormidade do horror que se desvendava diante de mim, senti a imperiosa necessidade de protestar. Além disso queria menos destruir os meus olhos do que as vestes; do que a decoração diante da qual eu me torturava, a mentira na qual já não acreditava; para penetrar na realidade. Mas não! Não pensava em algo definido; foi um ato instintivo. Perfurei os olhos para castigá-los por não terem querido ver o que estava a céu aberto e que deveria ter saltado aos meus olhos, como se costuma dizer. Mas na verdade... ah! como posso explicar isto a você... Ninguém entendeu o grito que

---

20. Cf. a citação de um caderno inédito de Gide, em Walton-Williams, p. 163, e sua minuciosa apresentação das ideias de Gide.

dei naquela hora: "Ó treva, você é minha luz" e você também não é capaz de entender, eu o percebo. Alguns o entenderam como lamentação, mas era uma constatação. Esse grito significou que a treva brilhava de repente para mim com uma luz sobrenatural que iluminava o mundo espiritual. O grito deveria significar: Treva, de agora em diante tu serás luz para mim. E enquanto o firmamento azul se cobria de trevas diante de mim, o meu céu interior ficou estrelado no mesmo instante.
[...]
Em minha juventude podia ser tido como clarividente. E o era aos meus próprios olhos. Não fui o primeiro a decifrar o enigma da esfinge? Mas somente depois que meus olhos corporais foram retirados por minha própria mão do mundo das aparências, parece-me que comecei a enxergar a verdade. Sim, quando o mundo externo se escondeu para sempre de meus olhos corporais, abriu-se em mim uma nova visão sobre as infindas perspectivas de um mundo interior que até então desprezei porque só existia para mim o mundo das aparências. E este mundo, inatingível aos nossos sentidos, é o único mundo verdadeiro, isso o sei agora. Tudo o mais é ilusão que engana e turva nossa contemplação do divino. "É preciso parar de ver o mundo a fim de olhar para Deus", disse-me certa vez o sábio e cego Tirésias; naquele tempo eu não o entendi; como também você, Teseu, não me entende; eu o sinto. – Não quero, disse-lhe eu, negar o significado do mundo intemporal que você, graças à sua cegueira, descobre; mas o que não quero e não posso entender é por que você os coloca contra o mundo exterior no qual vivemos e agimos.

– As novas percepções desse olho interior me tornaram consciente de que estaria construindo minha soberania humana sobre um crime de forma que tudo o mais seria manchado; não só minhas decisões pessoais, mas também as de meus filhos aos quais passei a coroa; renunciei imediatamente ao vacilante reinado que havia conseguido pelo meu crime. Você certamente já conhece as atrocidades a que meus filhos foram sujeitos e que humilhação, determinada pelo destino, pesa sobre tudo o que a humanidade pecadora consegue gerar. Meus pobres filhos são apenas claro exemplo disso. Naturalmente, meus filhos, como frutos do incesto, estão a isto bem predestinados. Mas acredito que toda a humanidade tenha sido atingida por uma espécie de mancha original e que mesmo os melhores estão marcados e consagrados ao mal e à ruína, e que o homem não consegue sair dessa situação sem alguma ajuda divina que o purifique dessa primeira mancha e o redima dessa sua culpa.

[...]

Você se admira de que tenha eu furado meus olhos; e eu mesmo me admiro disso. Mas pode ser que ainda outra coisa me tenha levado a este ato irrefletido e pavoroso: alguma necessidade secreta de levar o meu destino ao extremo, de aumentar meu sofrimento e de alcançar posição de herói. Talvez eu pressentisse algo da grandiosa e redentora força do sofrimento; por isso repugna também ao herói esquivar-se dela. Nisso, acredito eu, comprova-se em especial sua grandeza. Nunca é tão corajoso como ao tornar-se vítima. Assim força a gratidão dos céus e desarma a ira dos deuses. Como quer que seja e quão lamentáveis tenham sido meus erros, o estado de felicidade sobrenatural a que cheguei me recompensa hoje regiamente por todo sofrimento que tive de suportar. Sem ele certamente não teria chegado lá.

– Prezado Édipo, disse eu, quando entendi que havia terminado a fala, só posso louvar esta espécie de sabedoria super-humana que você professa. Mas o meu pensamento não consegue segui-lo nesse caminho. Continuo filho deste mundo e acredito que o homem, como quer que se apresente e por mais corrupto que lhe pareça, deve jogar com as cartas que tem na mão. Certamente você teve êxito em transformar sua desgraça num bem e conseguir um contato com aquilo que você denomina divino.

Vê-se que Gide não conseguiu passar por cima da alternativa cristã ou irreligioso-mundana. O que os cegos olhos do Édipo de Sófocles avistam[21] continua despercebido para ele e despercebido também o fundamento de sua própria condição humana.

4

Cocteau deixou Gide muitas vezes nervoso. Inclusive com sua *Antígona*, a tragédia de Sófocles reduzida a uma simples existência fora do tempo que Gide chama de "salada ultramoderna" numa declaração em 16 de janeiro de 1923. Cocteau estava persuadido de que trouxera para o "ritmo de nossa era" tanto *Antígona* quanto *Édipo* – *Oedipe Roi*, pronto desde 1925, em forma de livro em 1928 e *Oedipus Rex*, o libreto para a ópera de Strawinsky (*Oedipe Roi*, 1928, p. 2). Quanto mais Gide se sentia impelido a mostrar seu tipo de modernismo no tema Édipo e por meio de seu *Oedipe*, Cocteau, por outro lado, caminhava para o totalmente individual. *La machine infernale*, pronta em 1932 e representada pela primeira vez em 1934, exclui com seu título qualquer reflexão. "*Obéissons. Le mystère a ses mystères. Les dieux possèdent leurs dieux. Nous avons les nôtres. Ils ont les leurs. C'est ce qui s'appelle l'infini* – diz Anubis no segundo ato: "O encontro de Édipo com a esfinge". Da estéril atmosfera de um intelectualismo juvenil passamos para um ambiente espiritual onde reinam mãe e filho.

As premissas básicas de Cocteau são: "Existem os poetas e os adultos" (*Il y a les poètes et les grandes personnes*). "Um certo caráter infantil é comum a todas as formas heroicas da

---

21. Cf. a passagem final do cap. 1/4.

vida (*Un certain caractère enfantin est commun à toutes les formes héroïques de la vie*). "Desejo ser lido por pessoas que permanecem crianças custe o que custar" (*Je souhaite d'être lu par personnes que restent des enfants coûte que coûte*) (Cocteau, 1932, p. IX; 1935, p. 49). Em suas notas biográficas consta a recordação antiga da Comédie-Française, na expectativa dos "*trois coups funestes d'Oedipe Roi*" (Cocteau, 1935, p. 23). É a "*sonnerie*" que a esfinge espera com impaciência no segundo ato para não precisar mais esperar por uma vítima. Não existe outro tratado sobre o tema Édipo que esteja tão entrelaçado com a autobiografia do autor do que o de Cocteau. Contudo, não com sua vida submersa no inconsciente, mas com a vida da alma que não conhece nenhum limite intelectual entre o consciente e o inconsciente, entre o aqui e o além, entre autobiografia e mito.

Duas décadas mais tarde, podemos ler na obra de Thomas Mann, *O escolhido* (1951), as palavras correspondentes à coerência da alma consciente e inconsciente, o fundamento do drama-Édipo de Cocteau, e que por isso mesmo é também sobretudo um drama-Jocasta. São encontradas na confissão de Sibila, uma Jocasta tardia: "Pois a alma está posicionada na superfície e lá existe grande atividade em relação ao malogro que a fascina. Mas na profundidade, onde a verdade mora silenciosa, não existem malogros. Ao contrário, é lá que foi notada a uniformidade, logo ao primeiro olhar e inconsciente-consciente tomou como marido o próprio filho porque é novamente o único de igual e nobre berço. E aí temos que o último está de acordo com isso, pois ela seria indigna do ouvido papal se não admitisse sem cilada a natureza matreira de sua alma". Depois disso também o papa, o "escolhido", só podia confessar que o "filho, lá onde a alma não faz bobices, sabia muito bem que era sua mãe a quem amava" (Mann, 1960, p. 254-255).

A alma sabe tudo. Apenas não quer ou não pode comunicar-se. No primeiro ato fantasmagórico, *Le fantôme*, a alma de Laio gostaria de comunicar-se e também o consegue: aos guardas, almas infantis, como deveria ser o público de Cocteau, mas não ao prelado Tirésias ou a Jocasta que fala francês com personagens reais e com forte sotaque internacional. Por que ela chama Tirésias de "Zizi"? Será que passou para ela algum toque da Imperatriz Elisabeth que, em família, era tratada como "Sissi" e que, como heroína trágica, ocupou profundamente Cocteau? Mas certamente via Jocasta na figura de Isadora Duncan e vice-versa. Será que já fez isso no célebre e trágico acidente da grande dançarina da qual escreve em suas memórias: *"Cette Jocaste... victime de la complicité d'une voiture de course et d'un châle rouge. Châle que la détestait, la menaçait, l'avertissait; qu'elle bravait et s'obstinait à mettre?"* (Cocteau, 1935, p. 152)[22]. Isso aconteceu em 1927. Cocteau chamava de Jocasta já naquela época a asfixiada pelo cachecol? O fatal lenço com o qual faz a rainha entrar em cena e sobre o qual ela diz: "Ele me matará", ele o viu em Isadora: nenhum limite é possível traçar dentro da alma do poeta.

E muito menos na alma de sua Jocasta, no terceiro ato *"La nuit de noces"*, ponto alto na história do tema Édipo, onde Cocteau deve ser citado ao lado de Hofmannsthal. Não na direção da *"sacralisation"*, mas também não na de *"désacralisation du*

---

22. ("Esta Jocasta... vítima da cumplicidade de um carro de corrida e de um cachecol vermelho. Cachecol que a detestava, ameaçava e prevenia; ela o desafiava e teimava em usá-lo?" O cachecol que pendia para fora do carro entrou nos aros da roda e estrangulou a artista. As palavras de Jocasta ao cachecol são estas no original: *"Je suis entourée d'objets qui me detestent! Tout le jour cette écharpe m'étrangle. Une fois, elle s'accroche aux branches, une autre fois, c'est le moyeu d'un char où elle s'enroule, une autre fois, tu marches dessus. C'est un fait exprès. Et je la crains, je n'ose pas m'en séparer. C'est affreuxt C'est affreux! Elle me tuera"*.)

mythe héroïque" (Trousson, 1964, p. 435)[23]. Cocteau deve ter lido *Édipo e a esfinge*, de Hofmannsthal, e ter-se inspirado nela no segundo ato. Também ele faz parte da série de autores "não festivos" do mito como Gide, Giraudoux e Anouilh. No ponto alto do terceiro ato apresenta inclusive o polo oposto de Hofmannsthal, mas semelhante em profundidade. Em Hofmannsthal temos a maior tensão, um aumento da paixão, impossível de sobrepujar. Em Cocteau, o maior relaxamento e a volta para lá, "onde" – nas palavras de Thomas Mann – "a verdade mora silenciosa" e "onde a alma não faz bobices". A Jocasta de Cocteau não esconde seus desejos amorosos para com os homens jovens que estão na idade de seu filho. Sozinha com ele no quarto nupcial, caem ambos em sono profundo e a mãe encontra de novo para Édipo o berço e a canção de ninar diante do grande espelho, chamado em francês de "psyché", símbolo da região das almas, onde a "uniformidade" – também uma palavra de Thomas Mann – é estabelecida pela mãe e esposa.

Como quarto ato – *Oedipe Roi* – poderia seguir apenas uma versão totalmente abreviada de Sófocles.

5

No fim do caminho da *"désacralisation"* está por enquanto – tanto temporalmente quanto no sentido de esvaziamento de todo conteúdo mítico – *The Elder Statesman*, de Thomas Stearns Eliot (1958). O *sacrum*, aquele ambivalente, desapareceu por completo. Só ficou a aparência em si – como ameaça – por meio de que, é preciso perguntar?

---

23. Sobre Gide, *Le Prométhée mal enchaîné*, 1899.

Lord Cleverton, o último Édipo não bafejado por nenhum incesto, "passou por uma porta que não vemos", da aparência para o ser. Mas o que entrou em seu lugar, uma vez que a ideia de incesto foi totalmente excluída desse drama-Édipo? Um amor jovem, comum, mas apaixonado. A passagem de um acompanhamento fúnebre e a "fuga do condutor" tomam o lugar do parricídio. Este motivo se mostrou na nova história do tema tanto mais sem importância quanto mais se destacou o *sacrum* na união com a mãe. Estranho é que, pela eliminação desse motivo, apareça em seu lugar o amor apaixonado e lícito como aquele grande e ameaçado bem, mas que é garantido por um importante poeta com seu ato criativo e transformador. Será que aquele *sacrum* realmente desapareceu por completo, ou deve ele afirmar-se apenas por meio de um substituto? A ideia no procedimento do poeta é esta: o incesto pode ser substituído por uma paixão amorosa plenamente satisfatória – talvez a ideia mais profunda de Eliot na peça! As palavras da apaixonada Mônica recordam a profundeza onde o mito revela uma deusa primitiva, não presa na "uniformidade de mãe e esposa":

> Eu te amei desde o começo do mundo.
> Já antes que fôssemos nascidos, existia o amor,
> que sempre nos conduziu um para o outro.

Eliot não é o primeiro que procurou colocar o amor primitivo no lugar da mãe primitiva como amante primitiva. Num mundo dos deuses também Eros tem seu lugar: o amor primitivo visto como deus. Mas que tipo de amor era o amor inicial, num mundo regido por necessidade imanente de amor e não mais pelos deuses dos gregos, conforme se apresenta o mundo de Eliot neste último Édipo-drama? Que espécie de ser poderia estar aí, no começo, que não o ser materno? Se Mônica "amou desde o começo do mundo" deveria reconhecer-se em sua forma preexistente.

Édipo revisitado

James Hillman

1 Mito e psicanálise

Abordar o tema de Édipo é um empreendimento heroico. Imaginem o peso que tem abrir mais uma vez as páginas da peça de Sófocles, a peça que Aristóteles usou para explicar a natureza da tragédia, que Freud usou para explicar a natureza da alma humana, o volume que afundou com Shelley em Lerici[1], a história de um herói contada por Homero, Ésquilo e Eurípedes, e recontada por Sêneca, Hölderlin, Hoffmansthal, Voltaire, Gide; junte-se a tudo isso as prateleiras de trabalhos acadêmicos, interpretações, comentários, discussões; e então trazer este tema desumanamente heroico para ostentação pública como uma décima quinta contribuição a nosso encontro anual[2] – o heroísmo, ou *chutzpah*, está além dos limites da decência.

De forma que se faz necessário, antes de começarmos, o reconhecimento de um deus em nosso trabalho de hoje, Apolo, e de seu herói, Édipo, para que eles não nos devastem com

---

1. O poeta romântico inglês Percy Bysshe Shelley morreu em 1822 num naufrágio no Golfo de Spezia causado por uma tempestade (possivelmente após um ataque de piratas) [N.T.].

2. Este ensaio foi originalmente composto para ser apresentado como uma palestra nas Conferências de Eranos, em Ascona, Suíça, em agosto de 1987. [Publicado originalmente em Crossroads, editado por Rudolf Ritsema, *Eranos Yearbook 56* – 1987 (Frankfurt a/M: Insel, 1989), p. 261-307.]

surpresas. Admitimos logo de início o fascínio do herói apolíneo, de modo a não sermos pegos pelo próprio mito, por sua propensão à autocegueira, sua persistência atormentadora em descobrir e expor, seu impulso parricida de matar velhos reis e sua inflação incestuosa que poderia produzir a prole de mais um ensaio incestuosamente psicanalítico sobre o complexo de Édipo. Por meio desta conciliação inicial imploro que não seja este o meu mito. Que Apolo possa permanecer distante, como é de sua natureza, assim como também Édipo e Laio, e mesmo Tirésias e os ancestrais Sófocles e Freud. Permitam-me reverenciá-los, mas concedam-me gentilmente proteção contra sua influência enquanto estiver em sua presença.

Esse gesto de abertura é feito em reconhecimento ao poder do mito. O *Wirksamkeit*[3] do mito, sua realidade, reside precisamente em seu poder de tomar e influenciar nossa vida psíquica. Os gregos o sabiam muito bem e, portanto, não tinham uma psicologia profunda e uma psicopatologia tal como nós as temos. Eles tinham mitos. E nós não temos mitos enquanto tal – ao contrário, temos psicologia profunda e psicopatologia. Portanto, como já tenho repetido aqui por quinze vezes, a psicologia mostra os mitos num traje moderno e os mitos mostram nossa psicologia profunda em trajes antigos.

O primeiro a reconhecer essa verdade que é fundamental para a moderna psicologia profunda foi Sigmund Freud. O primeiro a reconhecer as implicações do reconhecimento de Freud da relação entre mito e psique, entre a Antiguidade e a psicologia moderna, foi C.G. Jung. Atentem para esta passagem que abreviei da página de abertura de seu trabalho pioneiro *Wandlungen und Symbole der Libido* (OC 5, § 1-2). Embora

---

3. Em alemão: ação, eficácia [N.T.].

esse livro tenha sido publicado em 1912, Jung manteve intacto este trecho da abertura em sua revisão de 1952:

> Quem conseguiu ler a *Traumdeutung* de Freud [...] [e] conseguiu deixar este assunto especial agir sobre si serenamente e sem preconceitos, certamente terá sentido uma impressão profunda no trecho em que Freud lembra que um conflito individual, isto é, a fantasia de um incesto, é uma das raízes principais do grandioso drama antigo, a saga de Édipo [...] subitamente deparamos com aquela singela grandiosidade da tragédia de Édipo, aquela luz perene do teatro grego. A ampliação do horizonte traz em si como que uma revelação [...] se seguirmos o caminho traçado por Freud, [...] estará transposto o abismo que separa no tempo da Antiguidade, e veremos com surpresa que Édipo ainda vive. [...] Com isso abre-se um caminho para a compreensão do espírito antigo como não existia antes [...] através das substruções soterradas de nossa própria alma, apoderamo-nos do sentido vivo da cultura antiga e, justamente com isso [...] se torna possível uma compreensão objetiva de [nossas próprias] tendências. Esta ao menos é a esperança que haurimos da redescoberta da imortalidade do problema de Édipo.

Agora observem estas palavras de Freud:

> Estar apaixonado por um dos progenitores e odiar o outro é um dos constituintes essenciais do acervo de impulsos psíquicos... Essa descoberta é confirmada por uma lenda da antiguidade clássica que chegou até nós: uma lenda cujo poder profundo e universal de comover somente pode ser compreendido se a hipótese que apresentei no tocante à psicologia das crianças tiver validade igualmente universal. O que tenho em mente é a lenda do Rei Édipo e o drama de Sófocles que traz o seu nome (Freud, 1938)[4].

---

4. Cf. tb. Freud (1954, 1972).

Freud reconta brevemente o enredo, o *mythos*. Então diz:

> A ação da peça consiste em nada mais do que o processo de revelar, com pausas engenhosas e sensação sempre crescente – um processo que pode ser comparado ao trabalho de uma psicanálise –, que o próprio Édipo é o assassino de Laio...

Essa analogia entre a arte poética e a engenhosidade da psicanálise Freud afirma novamente:

> Enquanto o poeta, à medida que desenreda o passado, traz à luz a culpa de Édipo, ele está, ao mesmo tempo, compelindo-nos a reconhecer nossas próprias mentes internas...

Então:

> Se *Oedipus Rex* comove um auditório moderno não menos que o grego da época, a explicação somente pode ser no sentido de que... deve haver algo que torna uma voz dentro de nós pronta a reconhecer a força compulsiva do destino no *Oedipus*... Se o [seu] destino nos comove somente porque poderia ser o nosso – porque o oráculo lançou a mesma praga sobre nós antes de nascermos, como sobre ele.

Essas passagens mostram que o mito específico a unir a psicanálise com a antiguidade grega é o *Oedipus Tyrannos*, de Sófocles. É, portanto, inevitável – por favor, notem que minha linguagem já assume o vocabulário de Édipo – para permanecermos fiéis ao projeto de uma psicologia arquetípica que esse Édipo seja revisitado.

Por uma "revisão arquetípica" quero dizer traçar as raízes imaginais que governam os modos pelos quais a psicologia pensa e sente. Quero dizer devolver o comportamento às suas ficções, uma *epistrophé* das ações e sofrimentos cegos da vida que chamamos de psicologia da anormalidade, um imaginar de nosso campo e de seu trabalho em termos dos *archai, daimones* e deuses. Meu projeto de imaginar segue diretamente uma das afirmações mais fundamentais e extraordinárias de Jung – fundamental ontológica e metodologicamente para o que quer que seja rigorosamente chamado de "junguiano": "A psique cria a realidade todos os dias. A única expressão que me ocorre para designar esta atividade é *fantasia*. [...] Por isso, a fantasia me parece a expressão mais clara da atividade específica da psique" (OC 6, § 73).

Nesse sentido sou um seguidor fiel de Jung, acreditando que a psicologia só é verdadeiramente psicológica quando desperta para as fantasias objetificadas em suas observações. Os analistas praticantes são obrigados a perceber as fantasias que têm ao ler seus pacientes; portanto, a psicologia profunda é obrigada a perceber suas fantasias ao ler suas teorias. Uma psicologia que observa, relata, formula e explica o paciente, ou a psique em sua total amplitude, permanece como o paciente que observa, relata e explica – ou seja, projetiva ou, digamos, cega, sem enxergar o próprio olho com que enxerga. Portanto recorremos à camada mais profunda das fantasias, dos mitos, pois de que outra forma pode a psicologia como ela é concebida hoje despertar para si mesma?

O projeto, é claro, tem um tom heroico. Mas como imaginar projetos exceto como projeções heroicas, como redentores, culturalmente libertadores ainda que sempre a serviço dos pais fundadores ao dar seguimento à sua linhagem. O projeto suspenderia, ou aprofundaria, a vida humana de suas errâncias e mistérios labirínticos sempre em direção a algo mais-que--humano, às vezes animal, às vezes alquímico, às vezes cultural, às vezes mítico. Ele devolveria o *insight* às suas origens no momento epifânico, mesmo teofânico, autenticando a interpretação com a verdade da beleza e a repentina alegria do reconhecimento, verdade e beleza como uma coisa só. De fato, o impulso é heroico porque é tão furiosamente anti-humanista, como se filho de uma divindade, e com um desejo de devolver todas as coisas àquela divindade e, ainda assim, tão igualmente heroico, porque o outro pai é humanamente mortal, ingênuo, tolo, ancorado no mundo rotineiro da comunidade e da *polis*.

De forma que continuaremos a linha de Freud e Jung, tecendo ainda mais paralelos entre o mito e a psicanálise. E tentaremos ir além da concentração de Freud sobre o incesto e o parricídio que estreitaram seu *insight*. Nosso primeiro objetivo é desenterrar da história de Édipo outras relevâncias para a psicologia profunda, pois é aí que o teatro de Édipo continua a ser encenado.

2 Família como destino

Freud tem sido criticado por reduzir a nobre noção grega de destino heroico às intimidades banais da família. A Fliess escreveu: "O mito grego apodera-se de uma compulsão que todos reconhecemos, pois sentimos traços dela em nós mesmos. Cada membro da audiência foi alguma vez um companheiro Édipo em fantasia..." (Freud, 1954, carta datada de 15 de outubro de 1897). Além disso, dizem os detratores, Freud entendeu tudo errado. Ele conta a história de modo que o assassinato do pai é resultante do desejo pela mãe. Enquanto na peça e na lenda primeiro vem o assassinato e, então, o incesto, e um incesto sem lascívia. Freud enfatizou a mãe, fornecendo a base para suas reduções materialistas. Entretanto, de acordo com a lenda, caímos nos braços da mãe somente depois que matamos o pai: a sedução da *mater* e dos materialismos de qualquer espécie são consequências do assassinato do pai desconhecido. Quando matamos o pai somos Édipo.

Quem e o que é, e onde está, esse pai desconhecido na psicologia real? Tenho que assumir que qualquer espírito contrário, do qual não podemos escapar, pode ser um pai não reconhecido. Então, não encontramos um "pai" naqueles momentos de obstrução que estreitam o caminho para a simplicidade, aqueles momentos de resistência quando não damos passagem para aquilo que está cruzando nosso caminho? Jung certa vez definiu Deus com estas palavras:

> Até hoje Deus é o nome pelo qual designo todas as coisas que cruzam meu caminho planejado de forma violenta e afoita, todas as coisas que perturbam minhas perspectivas, planos e intenções subjetivos e alteram o curso de minha vida para melhor ou para pior (Edinger, s.d., p. 101)[5].

Resistindo ao desconhecido que cruza "minhas perspectivas, planos e intenções subjetivos" eu mato o pai. Não me permito ser tocado pelo espírito da sorte que sopra para o bem ou para o mal, ou ambos. A resistência é de fato central na análise, pois ela é essencial ao estilo heroico de Édipo. E, ainda assim, ao mesmo tempo esse estilo outorga um poder paterno ao outro, reconhecendo inconscientemente que o outro que cruza meu caminho tem o poder paternal de mudar minha vida. Ele é meu rei. O grande "Não" do outro paternaliza-me ao estar no meio de meu caminho. Eris, *polemos*, a discórdia, a guerra, disse Heráclito, é o pai de todas as coisas.

Os críticos também dizem que em função de Freud toda a família é reduzida ao mesmo e único padrão, um monomito, e o próprio mito é reduzido às compulsões e repressões derivadas da família. As batalhas com o destino cósmico tornam-se a repressão dos desejos. Uma vida humana não é proclamada pelo destino, mas impulsionada pelo desejo. O herói trágico Édipo torna-se o pequeno Hans com uma fobia. E o Édipo que está em todos nós torna-se uma criança de 5 anos de idade, um pequenino companheiro lascivo e assassino. E que maldição rogou Freud na vida familiar! "Não voltarei a aproximar-me de meus

---

5. Citado de uma entrevista com C.G. Jung, *Good Housekeeptng*, dezembro 1961.

pais!" Jura Édipo (*Édipo Rei*, 1195) – separação, suspeita, ignorância, abandono, incesto, infanticídio, suicídio, mutilação e maldição da próxima geração quando o velho Édipo em Colona abandona irado seus filhos que brigam.

Claro que Freud entendeu tudo errado – mas não estou me juntando aos críticos. Freud "entendeu tudo errado" porque é do espírito da psicologia entender errado, perturbar, perverter, deslocar, ler mal de forma a suspender do sentido usual a repressão. A psicanálise caminha erroneamente de modo a manter-se próxima ao que está errado no caso, qualquer que seja o caso. O patologizar é homeopático: igual cura igual. Deve haver loucura no método se o método quiser alcançar a loucura.

Além disso, há outras maneiras de ler Freud. Sim, de fato ele secularizou o destino na emoção familiar comum e lançou seu olhar negro e patologizado sobre os fenômenos da família. Mas mesmo assim Freud enobreceu a família com uma dimensão mítica, pois sua visão patologizada foi ao mesmo tempo uma visão mitologizada, confirmando uma vez mais a raiz metafórica da psicologia profunda: a mitologia apresenta a patologia; a patologia apresenta a mitologia. Precisamos de ambas para entender a ambas.

A entrada do mito grego na Viena médica, acadêmica, comercial e muitas vezes judaica dos anos de 1890 – o mundo de Freud e de sua clientela – trouxe à família uma transparência para além do materialismo burguês e sua histeria. Enquanto Édipo reduz-se ao pequenino Hans da esquina, lampeja por meio do pequeno Hans a radiância de Édipo, de Sófocles, da Grécia e dos deuses. Como diz Freud: "Hans era realmente um pequeno Édipo que queria seu pai fora da jogada, queria livrar--se dele de forma que ele pudesse se ver sozinho com sua bela mãe e dormir com ela"⁶. *Realmente*, essa é a palavra que Freud usou. O que está *realmente* ocorrendo no caso é o mito; o que está realmente acontecendo com a família é o mito: para sentir o mito na existência cotidiana simplesmente fique em casa com a família. Claro, isto acaba enlouquecendo.

Ao devolver a família às figuras míticas, Freud realizou uma *epistrophé*. Ele reimaginou nossos desejos, nossas fobias, nossas infâncias. Ele recolocou o mundo humano na imaginação mítica. O mundo dos pais dos mitos de criação tornou-se o mundo dos nossos pais: o mundo de nossos pais tornou-se o mito de criação de nossa cultura – ao mesmo tempo pessoal, secular e histórico. Os pais ganham autoridade suprema na geração do cosmos psíquico. Quer sejam os pais reais, quer sejam imagos, quer sejam pai e mãe arquetípicos, os pais tornaram-se os grandes dominantes. Uma autoridade terrível do pai levanta-se – não por causa da religião convencional introjetada que Freud repudiava ou por causa de normas sociais patriarcais –, mas por causa do mito: no pai está Laio, Apolo e o mito enredando Laio, e na mãe está a rainha, o trono, a cidade.

Desde então a psicanálise atua essa *epistrophé* – se assim quisermos enxergar. Desde então os psicanalistas são aqueles que preservam o mito em nossa cultura. Eles continuam a ritualizar o conto de Édipo, continuam a afirmar o poder cósmico dos pais e da infância para a descoberta da identidade.

---

6. Sigmund Freud, "Analysis of a phobia in a five-year-old boy", em *Collected Papers* 3:253. *"Er ist wirklich ein kleiner Oedipus* [...]" Jahrbuch für psychoanalytische und psychopathologische Forschungen 1/1 (1909): 84. Edição *Standard* Brasileira das Obras Psicológicas Completas de Sigmund Freud, Volume X, *Duas histórias clínicas* (O "Pequeno Hans" – "Análise de uma fobia em um menino de 5 anos" – e o "Homem dos ratos") traduzido do alemão e do inglês sob a direção geral e revisão técnica de Jayme Salomão (Rio de Janeiro: Imago).

Ao divinizar o mundo dos pais, cada paciente descobre um companheiro Édipo na alma. Acreditamos ser o que somos em função de nossas infâncias na família, mas isso somente porque nossa família real é "realmente" edipiana – ou seja, mítica. Mesmo que a vida familiar real, sociológica e estatística esteja se dissolvendo, a psicanálise retém o mito. Em nossa cultura, os primeiros anos e as memórias mais reprimidas são assim fatídicos porque a psicanálise domina nosso culto da alma e Édipo é o mito dominante praticado nesse culto. A psicologia profunda acredita no mito, pratica o mito, ensina o mito. Que o mito escape do reconhecimento e permaneça disfarçado nas histórias de caso literais e seculares é bem adequado ao próprio mito que está sendo ensinado – o conto de Édipo, seus disfarces e sua busca de autorreconhecimento.

Precisamos enxergar claramente, e aqui de novo uso a linguagem heroica de Édipo. A família literal exerce tal fascínio nas considerações analíticas porque somos cada um de nós "realmente Édipos", e isso não porque nossa psique deseja nossas mães, mas porque somos, na alma, seres míticos. Emergimos na vida como criaturas num drama, roteirizados pelos grandes contadores de histórias de nossa cultura. E como companheiros Édipos imediatamente transpomos as figuras banais de Mami e Papi, ou a Mami ou o Papi ausentes como é mais o caso hoje em dia, ou a tia, ou o padrasto, ou a pajem – quem quer que esteja desempenhando esses papéis – para Jocasta e Laio, enobrecendo o desejo, os pais, a memória, o esquecimento, as previsões, as antigas cenas familiares, os primeiros abandonos, abusos e mutilações, os desejos do menininho e da menininha, dotando esses pequenos eventos pré-iniciatórios de uma determinação inevitável e proeminente.

Mas nada disso é literal. Precisamos enxergar claramente: nada disso pode ser tomado somente nesse nível de fato histórico. Não aquilo que aconteceu na infância, não suas lembranças de desejo e ódio, nem mesmo o que é lembrado ou não lembrado e enterrado, não seus pais enquanto tal – todas essas emoções e configurações são modos pelos quais somos remitologizados. E é por isso que essas emoções e configurações têm tal importância. São portas para Sófocles, e o próprio Sófocles é uma porta. Sua importância acontece não a partir de eventos históricos, mas por meio de acontecimentos míticos que, como disse Sallustius, nunca ocorreram, mas sempre existiram, como ficções[7].

Pela mesma razão a teoria básica de Freud ainda domina – e dominará. Ela também é mito, vestindo a roupagem adequada à consciência *nigredo* do materialismo científico. O que nos ata a Freud, provocando inúmeros comentários e releituras como esta aqui agora, não é a ciência na teoria, mas o mito na ciência. Freud escreveu a Einstein em 1932:

> Pode talvez parecer-lhe que nossas teorias são um tipo de mitologia e, no presente caso, nem mesmo uma mitologia agradável. Mas toda a ciência, afinal de contas, não chega a um tipo de mitologia como essa? O mesmo não poderia ser dito hoje de sua própria Física? (*SE* 22: 211).

Pacientes individuais lutando com o autoconhecimento estão assim tão convencidos das ficções da infância porque eles são Édipo, que descobre quem é ao investigar sua infância, com suas feridas e abandonos. Todo o enorme aparato de aconselhamento, trabalho social, psicologia do desenvolvimento – todas as formas de terapia – continua ensaiando o mito, praticando a peça em seus trabalhos.

---

7. "Nada disso aconteceu alguma vez mas sempre foi assim..." (Sallustius, 1966, § IV).

3 A cidade doente

Freud preocupa-se pouco com as relações entre a tragédia de Édipo e a tragédia da cidade. Para Sófocles, a *polis* é central na peça. A peça está permeada de um desejo de encontrar o pai e curar a cidade. Os mistérios do parricídio e os da *polis* são inseparáveis. Somente uma solução que cure a cidade pode satisfazer. Para Édipo – ou para qualquer um de nós – encontrar o próprio pai e a verdade de si mesmo não é suficiente, pois há um assassinato na ordem do mundo, e o mundo e a alma são inseparáveis. É por essa razão que o desejo na peça é tão intenso: o mundo precisa ser restaurado, não apenas seus homens e suas mulheres. De forma que a peça tem este título: *Oedipus Tyrannos* – Édipo, senhor da cidade, *rex*, rei.

A peça começa apresentando as queixas de uma cidade doente. Um sacerdote de Zeus clama a Édipo:

> Tebas, de fato, como podes ver tu mesmo,
> hoje se encontra totalmente transtornada
> e nem consegue erguer do abismo ingente de ondas
> sanguinolentas a desalentada fronte;
> ela se extingue nos germes antes fecundos
> da terra, morre nos rebanhos antes múltiplos

e nos abortos das mulheres, tudo estéril.
A divindade portadora do flagelo
da febre flamejante ataca esta cidade[8].

Édipo responde:

Vossos anseios não me são desconhecidos.
Sei bem que todos vós sofreis mas vos afirmo
que o sofrimento vosso não supera o meu.
Sofre cada um de vós somente a própria dor;
minha alma [psyché] todavia chora ao mesmo tempo
pela cidade, por mim mesmo e por vós todos.
Meu pensamento errou por rumos tortuosos.
Veio-me à mente apenas uma solução,
que logo pus em prática [...]
(Kury, 76-88).

---

[8]. O texto de Sófocles de *Oedipus Tyrannos* e de *Oedipus Epi Kolonus* que são referidos no ensaio são os publicados na Loeb Classical Library, *Sophocles*, vol. I (Cambridge: Harvard University Press e Londres: Heinemann [1912], 1981). As traduções para o inglês citadas aqui são as de Albert Cook, em A. Cook e Edwin Dolin, eds., *An anthology of greek tragedy* (Dallas: Spring Publications [1972], 1981); F. Storr, *Sophocles*, vol. 1; E.F. Watling (Harmondsworth: Penguin, 1947); Robert Fagles (Harmondsworth: Penguin, 1982): David Grene (*Oed. Tyr.*) e Robert Fitzgerald (*Oed. Kol.*) em *Sophocles I* (Chicago: University of Chicago Press, 1954): Sir George Young (Londres: Dent [1906], 1947): William Moebius (*Oed. Kol.*) em *Greek tragedy*. Também consultado: A.C. Pearson, *Sophocles fabulae*, Oxford Classical Texts ([1924] 1961). [As traduções de Sófocles para o português consultadas e utilizadas aqui são principalmente as seguintes: J.B. Mello e Souza, tradução, apresentação e notas, Sófocles: *Rei Édipo/Antígone* (Rio de Janeiro: Edições de Ouro, Coleção Universidade, s.d.); Geir Campos, versão e adaptação teatral moderna *Sófocles: Édipo Rei* – versão baseada na tradução inglesa de Sir Richard Jebb (São Paulo: Abril S.A. Cultural e Industrial, Coleção Teatro Vivo, 1976); Mário da Gama Kury, tradução do grego, introdução e notas, *A trilogia tebana – Édipo Rei, Édipo em Colona, Antígona* (Rio de Janeiro: Jorge Zahar Editor, 1993); H. Haydt de S. Mello, *Édipo Rei – tragédia em quatro atos baseada na versão mítica sobre Oidipous* – Colégio Freudiano de Psicanálise em Brasília (Brasília: Linha Gráfica e Editora, 1988). A numeração dos versos segue a tradução de Mário da Gama Kury, e a numeração das páginas segue a edição de J.B. Mello e Souza. – N.T.]

O rei assumiu a cidade e seu povo como a si mesmo. Ele os chama de seus filhos, *tekna*. Ele identifica sua condição com a deles. Ele é a cidade e seu povo. Estamos lidando, contudo, com algo que está além do significado simbólico do reinado, mas, em vez disso, com a interpenetração da doença na *polis*, seu povo e o indivíduo. Todos estão doentes conjuntamente: indivíduos, comunidade e governo. O privado e público não podem ser separados. Os deuses não afetam indivíduos e famílias apenas, ou apenas seres humanos: eles afetam a terra, a colheita, o gado, as instituições do Estado. Também uma cidade pode ser patologizada por fatores míticos – exatamente o que disse Jung em Wotan, em 1936 (OC 10/2, § 371-399). Os deuses vivem na *polis*.

A partir da peça a psicologia profunda tirou conclusões no que diz respeito ao sofrimento da alma na família. A psicologia profunda pode tirar ainda outras conclusões sobre o sofrimento da alma, a psicopatologia, na cidade. Como atua uma cidade quando está doente? Que ações tomam seus governantes? Que noções de remediação surgem numa cidade doente?

Primeiramente, a cidade doente conclama o líder a encontrar o remédio, equacionando rei com cidade, Édipo-Rei. O governo é responsável, o povo é criança.

Segundo, o líder conclama Apolo a revelar a causa e a cura:

> Mandei Creonte,
> filho de Meneceu, irmão de minha esposa,
> ao santuário pítico do augusto Febo
> para indagar do deus o que me cumpre agora
> fazer para salvar de novo esta cidade [*polis*])
> (Kury, 88-92).

O governo volta-se em direção à consciência apolínea, os meios apolíneos de diagnóstico e correção. E o governo fala em nome de Deus: "Deus proclamou a mim... Em atenção a mim, ao deus, por esta terra..." (Kury, 297).

Terceiro, a cidade doente convoca o vidente, o xamã ou o profeta para ver claramente a natureza da doença. Édipo manda chamar Tirésias, pois ele, "quase tanto como Apolo, sabe dos mistérios profundos!" (Mello & Souza, p. 105).

Quarto, a cidade purga. Édipo diz: "E não apagarei a mácula por outrem, mas por mim mesmo" (169-170), Creonte diz: "O Rei Apolo ordena, expressamente, que purifiquemos esta terra da mancha que ela mantém" (Mello & Souza, p. 95). Édipo fala de purificação, expulsão, punição; amaldiçoa aqueles que não o obedecerem. Como há um só remédio, o oráculo de Apolo, há um só vilão, o bode expiatório do assassino. Creonte, ao retornar do templo de Apolo, fala de ladrões no plural, e Édipo, na próxima fala, contrai o plural para o singular. O plural indefinido "assassinos" torna-se o único bode expiatório sobre o qual deverá cair toda a culpa:

> Proíbo terminantemente aos habitantes
> deste país onde detenho o mando e o trono
> que acolham o assassino, sem levar em conta
> o seu prestígio, ou lhe dirijam a palavra
> ou lhe permitam irmanar-se às suas preces
> ou sacrifícios e homenagens aos bons deuses
> ou que partilhem com tal homem a água sacra!
> Que todos, ao contrário, o afastem de seus lares,
> pois ele comunica mácula indelével
> segundo nos revela o deus em seu oráculo
> (Kury, 277-286).

Quinto, a cidade doente lança decretos. Édipo diz: eu proíbo, eu mando, eu invoco esta maldição. Nesses primeiros trechos da peça ele fala como a voz da cidade enquanto, em seu diálogo com Édipo, Tirésias usa *ego* oito vezes, referindo-se a si mesmo como uma pessoa (Benardete, 1966, p. 109). Édipo Tirano é o Estado, uma figura extremamente pública: *l'état c'est moi*.

Essas cinco soluções – e deixem-me repeti-las *en bref*: uma resposta simples para um problema complexo, o apelo a Apolo, a confiança no vidente profético, a linguagem da poluição e da expulsão e declarações apodícticas em nome do deus – essas supostas soluções são, na verdade, manifestações da doença da cidade. São sinais diagnósticos. As soluções imaginadas por um paciente para sua doença pertencem à imagem da doença. É por isso que os terapeutas escutam atentamente aquilo que quer o paciente no começo da terapia. A maneira como o paciente imagina o remédio e as medidas que ele já está tomando mostram como ele está constelado por sua condição. As soluções para o problema de Tebas apresentam o problema de Tebas. A cidade sofre por causa de Édipo, é claro. Qualquer um que vá ao teatro sabe disso.

Contudo, a cidade sofre mais profundamente por causa do modo apolíneo pelo qual ela reflete sobre seu sofrimento. Édipo é o bode expiatório porque a cidade imagina-se expelindo o mal. E ela encontra o bode expiatório, como foi profetizado, porque sua consciência cumpre sua estrutura profética. Diz o Corifeu:

> Cabia a Febo, deus-profeta,
> que nos mandou punir agora o criminoso,
> dizer-nos quem outrora cometeu o crime
> (Kury, 330-332).

O Coro, entretanto, não segue rigorosamente o modo apolíneo. O coro amplia o pano de fundo divino. Menciona Zeus, as Moiras (*keres*), ninfas, Pégaso. Refere a pestilência a Ares e conclama Atená, Ártemis e Dioniso para proteção, até sugerindo para a paternidade de Édipo outros deuses que não Apolo: Pan, Hermes, Dioniso. Portanto, o Coro abarca uma visão mais ampla do que uma noção apolínea de governo e das curas para suas doenças. A cidade está doente. "Ruína" é a palavra: o mercado em tumulto, a juventude nas ruas, a safra, o gado e as mulheres estéreis – para o que só há um recurso e uma solução, segundo o modo edipiano e apolíneo: "Culpe-se o rei" (*Henrique V*, 4, 1).

Poderia haver outros caminhos além das cinco medidas que especificamos. Se escutássemos o Coro, então procuraríamos outros remédios apoiados em outros deuses. Quando as instituições do Estado estão arruinadas, voltemo-nos então para as próprias instituições. Se são as safras, então por que não um remédio demeteriano? Se são as mulheres, então os protetores do leito matrimonial e do parto. Medidas concretas concebidas em resposta a casos concretos. Uma diferenciação da doença única de acordo com suas múltiplas manifestações. Essa abordagem pragmática e não heroica está também presente numa cidade moderna: os problemas residem não apenas na prefeitura ou na Casa Branca. Chutar o rei para fora não modificará o sistema educacional ou os altos custos de reparação das estradas. Porém, altere a arquitetura, o sistema de água, os mercados, o cuidado com o menor, os padrões de trânsito – e a própria cidade muda. A cura acontece sem um plano-piloto ou editais de cima para baixo, mas ao honrarmos a variedade de deuses nos lugares concretos e específicos de suas presenças.

4 Identidade e paisagem

Édipo nasceu em Tebas de seus pais naturais, Jocasta e Laio. Cresceu em Corinto educado por seus pais adotivos, Mérope e Pólibo. Mas sua terra natal não é nenhuma delas, uma vez que é expulso do lar de Tebas e abandona o lar de Corinto. Sua paisagem é intermediária. O lugar intermediário aparece na história como a encruzilhada que não é nem Tebas nem Corinto, e aparece também como a paisagem da Montanha Citerão. O pastor tebano leva o bebê Édipo para essa montanha onde ele é recolhido pelo pastor coríntio. O Coro, dirigindo-se a Citerão, chama-a de "compatriota de Édipo" (Mello & Souza, p. 167); Édipo foi "entregue aos teus cuidados maternais" (Kury, 1287). Tirésias prediz que essa montanha maternal não será porto, não oferecerá nenhum abrigo para suas súplicas quando estiver Édipo cego e exilado. Ésquilo diz que o velho e cego Édipo vagava na montanha. Dizem que nativos do lugar mostraram um ponto que, segundo o texto, é seu túmulo. O próprio Édipo diz, perto do fim da peça: "Ah! Citerão! Por que tu me acolheste um dia?" (Kury, 1644). Voltando-se finalmente para ele: "Deixa-me ir para as montanhas, para Citerão, *minha* triste pátria..." (Mello & Souza, p. 190).

O que é o Citerão? Por que lá seu lar, sua infância, seu desespero, seu túmulo? O que tem essa paisagem a dizer sobre Édipo, e o que "minha" paisagem diz sobre qualquer natureza humana? Há muitas histórias contadas sobre a montanha por mitógrafos, desde Pausânias até Kerényi – e é apropriado mencionar aqui novamente o extraordinário serviço prestado por Kerényi ao colecionar os contos e suas representações nos vasos e túmulos e ao recontar as histórias. O Citerão é um lugar selvagem, um campo de matança, rochoso e acidentado embora rico, úmido e ervoso em suas encostas mais baixas[9]. O primeiro leão que Hércules matou, cuja pele ele vestiu, talvez tenha vindo de lá. Tirésias viu as serpentes copulando no Citerão e matou uma delas, sendo então amaldiçoado com a cegueira. Uma outra história de serpente matadora diz que a montanha tem o nome de um jovem que rejeitou o encanto sedutor da Moira Tisífone – uma Fúria que instiga os homens a matarem-se uns aos outros (Roscher, 1965, p. 207-210). Ela o matou com um fio venenoso de seu cabelo serpentino. Bebês eram abandonados em Citerão – por exemplo, os filhos gêmeos de Antíope. Outros irmãos com histórias brutais deram nomes a esse par de montanhas: Citerão e Helicão. Citerão, ganancioso e invejoso dos domínios de seu pai, empurrou-o da montanha, e depois ele próprio caiu do mesmo penhasco. Ou, os irmãos mataram-se um ao outro; e Helicão, o mais suave, deu seu nome para a outra montanha habitada pelas Musas. Profundas paixões incestuosas assombram essa terra: Zeus e Hera lá consumaram seu sagrado, e incestuoso, casamento. Nessa montanha

---

9. Cf. Lattimore (1968). As histórias do Citerão estão reunidas em Roscher (1965, p. 1208-1209).

Penteu seguiu as tropas de Dioniso e aí, em Citerão, foi esquartejado pelas Mênades, entre as quais estava sua mãe. Paixões profundas, campos de matança, loucura.

A respeito dessa loucura: "Num pico de Citerão", diz Plutarco (*Aristides* 11), "está a caverna das ninfas Esfragitídias... e muitos dos nativos foram possuídos... *nympholepti* ('possuído pela ninfa')". Frazer comenta sobre essa passagem dizendo que as ninfas eram nocivas ao meio-dia, especialmente ao meio-dia do verão[10]. Os lugares de grande perigo, perigo de ser possuído pela ninfa e assim ficar louco, eram poços, nascentes, rios, sombras de árvores e "nas encruzilhadas, pois esses lugares são [seu] refúgio do meio-dia... e um homem que por lá se demore pode ser atingido por uma ninfa, cujas consequências seriam certas aflições mentais e corporais, geralmente a perda da razão..." Frazer continua, referindo-se a outro santuário das ninfas onde "para se curar tais casos é de costume preparar e colocar num ponto onde três estradas se encontram (*tristrata*)... um pouco de pão... mel, leite e ovos para apaziguar essas ninfas".

O enredo avança: tanto na peça de Sófocles quanto na análise freudiana começamos a detectar uma chave reprimida ou esquecida. Novamente a imaginação edipiana nos pega com sua atmosfera. Nosso próprio modo de acompanhar a história busca trazer para a luz a "história real" enterrada. E as chaves são tão evidentes, pois a rota de Laio passa exatamente pela Montanha Citerão: "Uma estreita encruzilhada entre Kithairon e Potniai", diz Kerényi (1959, p. 92). Ninguém dá passagem; uma luta violenta; filho mata pai. O lugar é diversas vezes chamado de

---

10. *Pausantas's Description of Greece*, traduzido com um comentário de J.C. Frazer, V, ix.3.9 (p. 20) (Nova York: Biblio and Tannen, 1965).

"caminho triplo". A peça nada diz sobre a hora do dia na qual os homens se encontraram. Mas Febo Apolo, o deus solar brilhante, é seu espírito tutelar o tempo todo. Todo o drama se passa sob a luz intensa do meio-dia quando as ninfas são mais perigosas.

Nada de pão, mel, leite ou ovos apaziguadores, nenhuma comida de alma nessa encruzilhada. Que loucura súbita, que "perda da razão" então impôs-se sobre eles? Foi ninfolepsia? A ninfa do lugar possuiu ambos os homens, semelhante ao que diz Jocasta: o mais velho, Laio, estéril, que repetidas vezes esteve com o oráculo pedindo uma criança e, então, gerando uma, ordena que a matem, e que tomou o filho de outro homem como amante – sobre o que teremos mais a comentar. E o outro homem, Édipo, que venceu a Esfinge com sua "sagacidade", como diz ele, resolveu o *ainigma* como um enigma, um problema – sem nunca enxergar, como diz Jung[11], que ela mesma era o problema, sem enxergar a monstruosidade, revelando tão pouca sagacidade, pois não escutou os avisos, vive e gera com sua mãe, sem nunca ter enxergado, sem nunca ter sabido.

Será que eram ambos, pai e filho, suscetíveis à ninfolepsia, à sombra do meio-dia, aquela alta loucura solar chamada *superbia*, uma condição sem alma ou uma ausência de *anima*, ineptos psicologicamente? Como na peça, ou numa sessão de análise, teremos que adiar o desenlace dessa questão da *anima* até o fim de nossa análise.

---

11. C.G. Jung, OC 5, § 264: "Ele não sabia que a perspicácia do homem jamais estará à altura do enigma da Esfinge"; § 265: "O enigma da Esfinge era ela mesma, a imagem terrível da mãe, pela qual Édipo não se deixou advertir". OC 10/4, § 714: "Édipo... ficou à mercê do trágico destino, pois pensou que tivesse respondido à pergunta. Quem devia responder era a Esfinge, e não os seus espalhafatos".

Além desse tema específico das ninfas e da *anima* há uma inferência mais ampla a ser feita. A ninfa que ataca é o humor de um lugar, a face e a forma de uma paisagem. A psicologia da Gestalt chama essa incorporação do humor numa geografia seu "caráter fisiognômico" (Koffka, 1936, p. 407[12]). Um lugar real físico – poço, nascente, árvore, mico, encruzilhada – é animado; os ares, as águas, os lugares são almados. Nossas almas na terra recebem a terra em nossas almas, uma ideia já expressa como o efeito de individuação da matéria[13]. Édipo de Tebas, de Corinto e de Colona é também, e principalmente, de Citerão. Não aprendemos algo mais a respeito de Sófocles além do que transmitiu Freud? Não há uma formação das naturezas humanas, e, portanto, de nossos destinos humanos, pela forma da natureza na qual vivemos? Também a geografia nos paternaliza. Freud refraseou Napoleão dizendo: "Anatomia é destino". Mas a frase original de Napoleão, "Geografia é destino", é hoje mais psicológica. Aquilo que fazemos para, por e com essa natureza, como vivemos nossa vida ecológica, afeta a substância animal, vegetativa e mineral da alma. A vida ecológica é também uma vida psicológica. E se a ecologia é também psicologia, então "Conhece-te a ti mesmo" não é possível sem conhecer teu mundo.

---

12. É discutido em Hillman (1960, p. 139-141).
13. Aqui refiro-me à *materia signata* ou *materia individualis* de Tomás de Aquino.

5 Laio, infanticídio e literalismo

Freud diz que "o oráculo lançou a mesma praga sobre nós antes de nascermos, como sobre ele". O complexo de Édipo preexiste a nosso nascimento. Entendo que Freud queira dizer que ele é arquetípico. No caso do próprio Édipo, uma maldição já atingia seu pai, Laio: ele seria morto por seu filho. A carreira trágica que leva Édipo e Laio à encruzilhada e as subsequentes tragédias para todos – Jocasta, os filhos deles, Creonte, Tebas – começa com o medo do pai de ser morto por seu filho. De forma que Laio, para evitar o oráculo, amarra os pés do bebê menino, e ele é abandonado no Citerão. Para salvar sua própria vida, Laio ordena a morte de seu filho. O enredo começa com infanticídio. O parricídio é uma consequência. De fato, Édipo deixa Corinto para não matar seu pai.

Mas Laio queria matar, tentou matar seu filho. Freud enfatiza o parricídio, tanto com relação ao impulso edipiano quanto à horda primeva, onde os filhos matam o pai. Ele fala menos sobre infanticídio, sobre pais matando filhos. Esse desejo no pai de matar a criança nós perigosamente ignoramos, principalmente uma vez que a psicanálise descende dos pais. Se esse mito é fundamental para a psicologia profunda, então o infanticídio é básico em nossa prática e em nossas ideias. Nossa prática e nossas ideias reconhecem o infanticídio na mãe arquetípica, seu desejo de sufocar, dissolver, prantear, enfeitiçar, envenenar e petrificar. Estamos conscientes de que inerente na maternidade está a "má" maternidade. A paternidade também é impulsionada por sua necessidade arquetípica de isolar, ignorar, negligenciar, abandonar, repudiar, expor, devorar, escravizar, vender, mutilar, trair o filho – motivos que encontramos em mitos bíblicos e helênicos assim como no folclore, nos contos de fadas e na história cultural. O pai assassino é essencial à paternidade, como apontou Adolf Guggenbühl (1987). Suplicar pelo pai, tão comum na prática psicológica, assim como o ressentimento contra o pai cruel ou insuficiente, tão comum no feminismo – seja como governante cruel ou insignificante, professor, analista, instituição, programa, corporação, patriarcado ou deus – idealiza o arquétipo. A súplica e o ressentimento não conseguem reconhecer que esses traços sombrios contra os quais protesta o filho são precisamente aqueles que iniciam a paternidade.

Isso porque, primeiro, eles matam a idealização. O pai destrutivo destrói a imagem idealizada de si mesmo. Ele esmaga a idolatria do filho. Sempre que idealizamos o pai permanecemos filhos, na falsa segurança de um bom ideal. Um bom modelo, seja um analista gentil, um guru sábio, um professor generoso ou um chefe honesto, mantém essas virtudes da gentileza, da sabedoria, da generosidade e da honestidade fixadas no outro, projetadas para fora. Então, em vez de iniciação, imitação[14]. O

---

14. A imitação (*mimesis*) pode servir como uma primeira entrada na iniciação, como um exercício de comportar-se à frente de si mesmo. Copia-se ou identifica-se com um modelo idealizado (*eikon*), esperando devotadamente que a imagem carregar-nos-á a um desejado estado de alma. O modelo permanece efetivo enquanto o

filho permanece atado às pessoas da figura idealizada. Keats, cujo pai morreu quando o menino tinha 8 anos de idade, disse que aquele que cria – digamos, que "paternaliza" – deve criar ou paternalizar a si mesmo. Isso parece acontecer naturalmente, pois o ideal quebrado não desaparece simplesmente. Continua como uma aura, como uma inspiração surgindo de prantear o cadáver do pai. Ele se foi. Ele realmente nunca esteve; ou, ele era podre. O *putrefactio* da imagem idealizada, experimentado ao prantear o pai, começa cedo e continua por muito tempo, porque ele é essencial à iniciação que transforma a criança que idealiza num homem de ideais. Pois os ideais retornam, libertos do aprisionamento nas idealizações de uma imagem paterna, firmando-se no trabalho da vida ou na vida do trabalho. Eles começam a se realizar naqueles atos paternos que Keats (Forman, 1895)[15] chamou de "cultivo da alma" (*soul-making*), e a *opus* se torna pai, professor, mestre.

---

cuidarmos com disciplina (*devotio, dulia*). A imitação, portanto, mantém-nos ritualmente atados a um ícone, em seu culto, e fortalecidos por seu poder. A iniciação, contudo, começa com desnorteamento e retrocesso, uma escuridão caracterizada pela perda de modelos e perda de poder. Nu, desdentado, sangrando, com dor, só, inadequado para a tarefa e precisando dos mais velhos, sentindo-se terrivelmente jovem – essas são as experiências iniciatórias. Elas estilhaçam os ícones da lembrança, e as devoções não dão proteção nenhuma. Essas experiências, ritualizadas em cerimônias, recontadas em contos de fadas e vividas numa psicanálise, são atuadas nas crises trazidas especialmente pelas divindades do submundo das trevas, ou pelos aspectos ctônicos dos outros, deuses do amor e do combate, do risco e da doença, do nascimento e do casamento, e pelos anjos do Senhor bíblico. Perseveramos no meio de um evento no qual está o Deus. O único modelo remanescente é o evento e suas imagens que governam o comportamento no evento. Tornamo-nos aquilo que somos, encontramos nosso nome, por não termos nada mais além do ser que somos, um ser que atua imagens. Nos termos de Gabriel Marcel, somos transportados do ter para o ser, e nos termos de Jung, "ser na alma", *esse in anima*.

15. Carta de abril de 1819 a seu irmão. Ampliei o tema do cultivo da alma, *soul-making*, em Hillman (1975).

Segundo, os traços terríveis do pai também iniciam o filho nas duras linhas de sua própria sombra. A dor dos fracassos de seu pai ensina-o que fracassar pertence à paternidade. O próprio fracasso dá paternidade aos fracassos do filho. O filho não precisa esconder sua fatia de escuridão. Ele cresce sob um telhado quebrado que, entretanto, abriga seus próprios fracassos convidando-o, forçando-o a ser escuro ele mesmo a fim de sobreviver. A generalidade – e a universalidade – da sombra compartilhada pode unir pai e filho numa empatia escura e silenciosa tão profunda quanto qualquer companheirismo idealizado.

Terceiro, os traços terríveis do pai oferecem uma contraeducação[16]. Existirá uma maneira mais eloquente de ensinar em casa uma verdadeira apreciação da decência, da lealdade, da generosidade, da ajuda e da limpeza de coração que por meio de sua ausência ou de sua perversão? Como despertar mais efetivamente a consciência moral do que provocando indignação moral com relação ao mau exemplo do pai?

A profecia antes do nascimento de Édipo atesta o resultado da tentativa de Laio de escapar da profecia. Agir para evitar a profecia realiza a profecia. Daí o sentimento de que os oráculos são inescapáveis, predestinados. Mas o destino não está na profecia. Está na ação tomada quando se escuta o oráculo literalmente. Laio escuta literalmente e, portanto, tenta literalmente matar seu filho; de forma que ele é literalmente morto por seu filho. Laio está amaldiçoado não pelo oráculo, mas pelo literalismo dos pronunciamentos arquetípicos – um tópico que discutimos em outro ensaio com relação à paranoia. A profecia

---

16. A ideia de "contraeducação" vem de Marsilio Ficino; cf. Hillman (1975), 201, 133, 163.

é um "predizer" ("*forthtelling*", para utilizar o termo de David Miller)[17], afirmando numa fala obscura o que está arquetipicamente presente como um potencial obscuro e que *pode* vir a ser atuado no mundo diurno em algum momento. Somente nesse momento o predizer, de fato, torna-se um profetizar.

Não quero com isso dizer o que Laio deveria ter feito. Não lemos um mito a fim de corrigi-lo, ou censurar suas figuras. Lemos um mito para aprendermos aquilo que ele fala sobre o figuramento psíquico, como a psique configura, como ela concebe os padrões em que vivemos. Lemos Édipo para aprender como é ser um matador, não apenas de seu próprio pai, mas também, por causa de Laio, de seu próprio filho. Lemos Édipo também para apreender algo sobre a relação entre aquilo que Sófocles chama um oráculo mau, terrível, feio – a compreensão literal de um oráculo – e a matança.

O mito está repleto de oráculos, até mesmo depende de oráculos para sua tragédia. Primeiro, o oráculo ao qual foi Laio diversas vezes para que pudesse ter um filho, depois o oráculo ao qual vai Creonte para descobrir o que há de errado com a cidade; há também a Esfinge, e Tirésias. Como se encaixam os oráculos na tragédia? Por que os oráculos pertencem à ação de *Oedipus*?

Os terapeutas frequentemente escutam os sonhos como oráculos e buscam previsões nos horóscopos, no Tarô e no *I-Ching*. Eles querem advertir o paciente (suplicante) sobre um caminho que, predizem, irá cegamente levá-lo à tragédia. Esse modo oracular de ouvir não indica nem o *insight* xamanístico

---

17. "*Forthtelling*" é um termo cunhado por David Miller e, portanto, não tem tradução direta em português. Escolhemos usar "predizer" em função do termo original sugerir fundamentalmente a ideia de "contar o que está adiante", ou "contar o que está no futuro, o que virá" [N.T.].

do terapeuta, nem sua perspicácia prática, nem mesmo a crença junguiana no inconsciente. Em vez disso, pode estar mostrando o efeito imortal de Édipo na análise. Com Édipo vêm os pressentimentos da tragédia e a cegueira penetrante, a busca cega por uma saída. Eu matarei o pai; portanto eu deixarei Corinto. A cidade está doente; portanto eu expulsarei o criminoso. No ouvido heroico a mensagem é clara. Claridade apolínea. Oráculos apolíneos, ansiedades apolíneas. A abordagem oracular afastaria com seu literalismo a tragédia que seu literalismo prediz. Ou seja, a abordagem oracular à psique defende-nos contra suas profundezas incomensuráveis (Heráclito) com medidas literais. Na medida em que os pressentimentos de tragédia irremediável – suicídio, homicídio, psicose, câncer etc. – que surgem no curso de uma análise pertencem a seu mito, essas fantasias permanecem uma parte inerente de seu sentimento. Elas são em si incuráveis porque refletem a tragédia em sua profundidade. Tanto Freud quanto Jung permaneceram fiéis a esse senso trágico. Nenhum deles tentou curar a análise de seu componente trágico. Eles incorporaram a narrativa em suas teorias – teoria como terapia porque abarca a tragédia quer seja como sombra e o mal (Jung), quer seja como o próprio predestinado e inescapável complexo de Édipo.

Laio e Édipo dividem mais do que Jocasta e o trono de Tebas. Pai e filho dividem uma psicologia literalista. (Jocasta diz que Édipo se parece com seu pai.) É por isso que eles devem oracularmente se encontrar na encruzilhada e atuar o oráculo literalmente. Ambos tomam os oráculos literalmente: o pai abandona seu filho; o filho foge de seu suposto pai (Pólibo). Ambas as ações objetivam não cumprir o oráculo. E assim fazendo lançam-se impetuosamente a cumpri-lo. Nenhum deles reflete a obscuridade do discurso divino. Eles ouvem a linguagem do mesmo modo direto. Estão presos na tragédia e atuam a obscuridade como se em ambos os heróis faltasse a *anima*, como se não afetados pela psicologia, com o que quero dizer psicologia grega na tradição de Heráclito, que conta como ler e ouvir oráculos (Heráclito, fragmento 93).

Édipo teve uma chance anterior, com a Esfinge, de exercitar um ouvido psicológico. Contudo, ele ouviu a Esfinge como uma charada que lhe propunha um problema. Ele escutou com um ouvido heroico.

> Pois eu cheguei...
> e impus silêncio à Esfinge;
> veio a solução
> de minha mente...
> (Kury, 477-479).

Nessa passagem ele intensifica sua postura heroica ao falar de si mesmo – até então coisa rara no texto – como ego (Benardete, 1966). Impor silêncio à Esfinge, outra maneira de tapar seus próprios ouvidos, é o feito notável pelo qual o Coro o aplaude nos últimos versos da peça:

> Vede bem, habitantes de Tebas, meus concidadãos!
> Este é Édipo, decifrador dos enigmas [*ainigma*] famosos;
> ele foi um senhor poderoso...
> (Kury, 1802-1804).

Para um homem tão poderoso um enigma torna-se um problema a ser resolvido, a ser dominado. Mas um *ainigma*, como nota Marie Delcourt, refere-se a *"todas as coisas que tenham um duplo sentido*: símbolos, oráculos, aforismos pitagoreanos..." (Delcourt, 1981, p. 141n). Um enigma é como um mantra, um *koan* ou um gnomo heracliteano que carregamos conosco e com quem aprendemos – a Esfinge como um emblema numa pedra preciosa ou fixada num pilar para ser admirada, não para ser estraçalhada num penhasco.

Os comentadores sempre apontam que Édipo não ouviu Jocasta, Tirésias ou os pastores avisando-o de desistir de sua busca obstinada. Ainda mais importante que isso, Vernant diz que ele não ouviu "o discurso secreto... no coração de seu próprio discurso" (Vernant, 1977-1978, p. 191-192). Esta é sua tragédia: não ouvir o duplo sentido – literalismo. Talvez o literalismo esteja no coração da própria tragédia. "De fato, nenhum gênero literário da Antiguidade utiliza tão abundantemente quanto a tragédia expressões de duplo sentido, e *Oedipus Rex* inclui mais do que o dobro de formas ambíguas que outras peças de Sófocles"[18]. Ricoeur diz: "[...] a tragédia de Sófocles revela... no próprio trabalho da arte, a profunda unidade entre disfarce e revelação..." (Ricoeur, 1970, p. 519)[19]. O herói escuta apenas a metade, intolerante com a ambiguidade. Ele toma o disfarce literalmente como encobrimento e, portanto, insiste na exposição literal como revelação.

---

18. Vernant (1977-1978, p. 189) credita a ideia ao estudo de W.B. Stanford "de 1939 sobre a ambiguidade na literatura grega".

19. Que essa ambiguidade seja a marca distintiva da tragédia grega, especialmente de sua ingenuidade heroica (p. ex., Édipo, Hipólito, Ajax, Medeia, Antígone, Penteu), está de acordo com o deus do teatro, Dioniso. Seus epítetos e imagens – o "homem feminil", tanto criancinha quanto homem selvagem de barbas negras, deus tanto do menadismo branco quanto do preto (Dodds), tanto de idas quanto de vindas (Otto), e de situações-limite (Kerényi), que é tanto uma força fálica quanto nunca um herói expressam a enganadora ambiguidade da vida (*zoe*), onde geração e decomposição são inseparáveis, e do teatro, onde cada palavra é endereçada tanto a uma personagem da peça quanto à audiência fora da peça. Porque esse afrouxamento do "sentido unilateral" (Vernant, 1997-1998) ameaça a mentalidade racional, Dioniso, deus da ambiguidade, é chamado o "que afrouxa: o "não-dividido" e louco, uma vez que ele não separa o "tanto-quanto" num "ou-isso-ou-aquilo". Cf. mais sobre os epítetos e as imagens de Dioniso em Hillman (1972, p. 258-285).

Édipo teve, na verdade, um segundo ouvido que se abriu após o cegamento em Colona. Mas já no *Tyrannos* ele pode ouvir de outra maneira. Bem ali na metade matemática do texto, no seu eixo central, Édipo conta que certa vez em Corinto

> Verificou-se... um fato inesperado,
> motivo de surpresa enorme para mim
> embora no momento não me preocupasse,
> dadas as circunstâncias e os participantes.
> Foi numa festa; um homem que bebeu demais
> embriagou-se e logo, sem qualquer motivo,
> pôs-se a insultar-me e me lançou o vitupério
> de ser filho adotivo
> (Kury, 924-931).

Ele tinha começado a ouvir a respeito de si mesmo de maneira diferente, e isso continua ecoando. Um elemento dionisíaco ambíguo está ativo inconscientemente. Bem do jeito que foi na sua concepção, pois lembremos que Laio concebeu Édipo à noite e embriagado. Há um outro espírito paternal na natureza de Édipo como a maternal Montanha Citerão, também um lugar dionisíaco, que ressoa por dentro e desfaz o curso inexorável de seu heroísmo.

Se imaginarmos um segundo sentido no oráculo, então Laio teria escutado: "Observe profundamente seu filho, estude seu coração, compreenda suas maneiras, pois ele tem o potencial de acabar com você. Ele é aquele que pode mostrar como sua vida termina, os fins de sua vida". O filho oferece outro caminho diferente daquele do pai. O filho é o potencial que a mente dominante tem para um segundo sentido. Ele é a próxima geração, uma compreensão geradora para além do literalismo do tipo de consciência de um rei, que consolida em significados únicos quando as fronteiras de qualquer reino estão definidas, unificando em um só domínio a terra, o Estado, o povo, o rei: *tyrannos*. A tirania da unidade.

Portanto Laio elimina o filho, como diz Sófocles. Édipo também elimina a Esfinge, pois é isso que fazem os heróis. Eles agem contra as maldições, os monstros e o mal que são necessários para sua ação. O que é um herói sem um império do mal para atacar? Maldições, monstros, maldades se tornam "problemas" que não têm um segundo sentido. Mas não há "eliminação", não há um lugar permanente onde colocar um conteúdo psíquico, como disse Freud. O reprimido retorna – nesse caso, daquele *topos* mortífero, Citerão, o inconsciente como uma paisagem de matança. Édipo retorna para matar o pai que intencionava matá-lo, mesmo que Édipo diga: "Eu não queria assassinar meu velho pai" (Kury, 1189). Isso Laio não poderia dizer de seu desejo com relação ao filho. Em ambos os casos, desejos e intenções são irrelevantes. A tragédia vem do literalismo oracular, e da fuga literal. Literalismo oracular, ação heroica e tragédia amarrados no mesmo nó.

Os dois modos – o do pai e o do filho – encontram-se na encruzilhada. O texto usa a palavra "tríplice" para esse lugar. Três. Não caminhos opostos com propósitos cruzados, mas tríplice, diversas sendas, vários sentidos de direção, como em francês: *sens, sentier*. Essa encruzilhada, esse lugar metafórico poderia ser o lugar da metáfora, gerador de *vários* sentidos de direção, modos de ir, modos de ser, um cruzamento para um obscurecimento simbólico e gnômico da compreensão, até mesmo um caminho para baixo rumo à mistificação de Hécate. Mas Laio e Édipo, e a peça, pertencem à tragédia heroica – especialmente a Febo Apolo. Apolo como corvo, lobo e matador não é visto nem ouvido na luz solar da ação heroica. A encruzilhada estreita-se nos opostos e na escuridão literal da cegueira.

Se Édipo é nosso mito, os analistas nunca terão suficiente cautela com relação a ler os sonhos como predições e aconselhar ações a partir deles. Exatamente quando nos sentimos no caminho de clarear enigmas, podemos estar indo rumo à tragédia. As conversas na análise são sempre mais do que seculares. Há um sentido a mais, uma vez chamado de anagógico, em cada afirmação analítica, porque Freud trouxe o mito para dentro da análise, e o mito traz os deuses. Cada vez que fazemos uma leitura literal de uma maneira oracular, buscando fazer o trabalho de Hermes de conectar mundos (e Hermes não é um deus oracular) – quer chamemos esses mundos de vida e sonho, interno e externo, objetivo e subjetivo, psique e realidade – estamos seguindo Laio. Perdemos o segundo sentido no literalismo da tentativa. Hermes faz a conexão; e conexões secretas, como disse Heráclito, são as melhores. A conexão clara e sem ambiguidade pode matar a criança, a próxima geração.

Estou propondo que o infanticídio é uma maneira mítica de imaginar o literalismo. Estou elaborando um pouco mais uma equação apresentada em Eranos em 1971: a criança arquetípica personifica a imaginação. Se o infanticídio significa matar o segundo sentido, então infanticídio é o equivalente mítico do literalismo. Isso implica ainda que o literalismo, quando ele é o desejo do pai de matar a criança, é o equivalente semântico do conflito pai-filho. O conflito pai-filho, descoberto em mitos do mundo inteiro e frequentemente apresentado como a chave para o próprio *Oedipus Rex*, não é sua *arché* trágica. Em vez disso, o conflito pai-filho é visto como raiz quando permanecemos edipianos em nossa imaginação, assumindo que todas as coisas começam na família. *Anterior a esse conflito está o discurso de Édipo que não escuta sua própria fala*. Um discurso literal, um sentido único afastaria a ambiguidade que necessariamente aparece quando dividimos um reino com a próxima geração.

Indo ainda mais longe: como discuti em Eranos em 1973 com relação a Hércules e o Submundo das Trevas, o literalismo acompanha a ação heroica. Porque o herói começa frequentemente como um objeto do infanticídio, a repressão do segundo sentido é como começa o heroísmo. Portanto, o foco atual de nossa cultura na criança abandonada não é senão um outro pedaço do heroísmo de nossa cultura.

Estou sugerindo que o heroísmo forma o próprio discurso, não meramente com verbos de ação ou prosa muscular, mas como um sentido literal de oposição. O segundo sentido, quando abandonado pelo primeiro, fica único e ele mesmo se torna literal. O segundo sentido então retorna da repressão como um oponente literal ao significado dominante, em vez de como o filho que renova o reinado com extensões conotativas.

Os mitos acontecem no discurso. Eles são vividos na forma em que os falamos. E não é isso exatamente o que a própria palavra *mythos* implica? A alquimia sabia disso. Lá o motivo do rei-e-o-filho-do-rei tem um papel tão importante porque sem um segundo sentido a própria alquimia pereceria. Nada da alquimia tem um só sentido: ela não pode ser lida literalmente. Portanto a conjunção de *Rex* e *Regina*, o *opus major*, depende da coesão anterior do rei-e-o-filho-do-rei[20]. Escutamos a alquimia com os ouvidos metafóricos de um *Rex* barbudo que é também um *filius*

---

20. A união do rei-e-o-filho-do-rei – como está representada por exemplo no *The Book of Lambspring* (Waite, 1953, p. 296-305) – mostra a importância do motivo do *senex-et-puer* na alquimia. Cf. Hillman (1967).

philosophorum imberbe. De outra forma, a alquimia literaliza-se – ou em química primitiva, ou em magia espiritual.

O infanticídio, o desejo de matar a próxima geração, explica algo da história de Laio anterior ao nosso texto. Ésquilo chamou a primeira peça de sua tetralogia sobre Édipo de *Laius* (*ca.* 467 a.C.), e Eurípedes produziu um *Laius* (*ca.* 411-409 a.C.). Nenhuma dessas peças sobreviveu até nós, mas o que é dito é que elas contavam que Laio apaixonou-se pela beleza encantadora do filho do Rei Pélope, o rapaz Crisipo, e raptou-o para ser seu amante. A Laio é atribuído o primeiro arrebatamento homossexual. Ele é chamado o inventor da pederastia[21], na tradição de designar a origem de um traço, uma habilidade ou um produto natural humano a um deus, uma figura lendária ou uma comunidade. Ou seja, todas as coisas têm uma fonte imaginal em personificações arquetípicas. Como punição por seu rapto, o oráculo, ou Pélope, amaldiçoou Laio a ser morto por seu filho.

Laio amava um rapaz e tentou matar seu próprio menino. Ele não podia gerar, razão pela qual foi ao oráculo e ouviu-o literalmente. Seu reino estava estéril já antes de Édipo, antes da Esfinge. Freud diz que os meninos desejam ser objetos do amor de seus pais – um desejo que aparece na queixa clínica e no ressentimento de que falamos anteriormente: "Meu pai não me amava". O diálogo *Laques*, de Platão, um "diálogo no qual os pais consultam Sócrates sobre a educação de seus filhos", relata que "qualquer um ocupado com assuntos públicos... [está] apto a ser negligente e descuidado com seus próprios filhos (Fiedländer, 1964, p. 38).

---

21. Sobre Laio e a invenção da pederastia cf. Dover (1980, p. 198-200).

Os pais rejeitam seus filhos, não cumprem a ligação erótica, por causa... do tabu do incesto (Stein, 1984, cap. 7). Pais como Laio ouvem o tabu apenas literalmente e, portanto, podem amar apenas os filhos de outros homens. A educação grega, notoriamente tão intrincada com o amor grego, retrata pais amando os filhos de outros homens. Como comenta Eva Keuls (1985): "A relação homossexual arquetípica era aquela entre um rapazola e um homem maduro. O contato tinha uma forte tonalidade paternal..." (p. 299). Se Laio é amaldiçoado por pederastia, por raptar Crisipo de Pélope, essa pederastia resulta de seu literalismo. *Ele escuta a proibição contra o incesto como uma proibição contra o eros* (Stein, 1984, cap. 4). O reprimido retorna como homoeros.

O pai não pode, não ousa, não consegue amar seu próprio filho como seu filho seria idealmente amado – não somente em função do tabu do incesto, não somente em função da preocupação pública dos pais como diz o *Laques*, não somente porque o segundo sentido é a morte para o rei tirano. Há ainda uma outra razão apresentada por Laio. Na paternidade está oculto o infanticídio. O pai evita ou negligencia seu filho por causa do impulso arquetípico de matá-lo. Se Édipo é nosso mito, então Laio tem um papel nele: chegar perto do amor entre pais e filhos também traz para perto o assassinato. Aquele anseio pelo pai, por um princípio primeiro, um mito de criação, um telhado que proteja, um altar com uma presença que sustente, uma base, uma rocha, um pilar, uma plataforma, um portal protetor, um brilhante céu azul, a terra de meu pai, o patrimônio, a herança, o dote, esse anseio por substância e estrutura onde fundar nosso espírito e proteger nossa vida, esse anseio por um deus paterno não pode nunca ser satisfeito porque o pai traz consigo o assassinato. *"Eloi, eloi lema sabachthani"*[22] (Mc 15,34) é de fato o anseio arquetípico do filho testemunhando a verdade do pai assassino.

O pai assassino, quer seja reprimido, atuado ou sublimado, permeia o movimento psicanalítico, também obcecando Freud com relação a seus pupilos e ao segundo sentido, a próxima geração, trazido pelos filhos às teorias analíticas. O aspecto assassino continua em cada análise, mesmo que eufemisticamente chamado de transferência e contratransferência negativas, resistência, agressão, hostilidade ou ódio. E aparece nas escolas de análise como um revisionismo violento ou uma ortodoxia amarga. Bodes expiatórios, expulsões, pés amarrados, esterilidade, estreiteza nas intersecções e leituras oraculares que amaldiçoam o outro ao descobrir o que há de verdadeiramente errado com o outro – tudo isso mantém a configuração de Laio muito presente em nosso campo. A psicanálise caminha por sua própria sombra e perpetua a sombra de seu mito trágico.

---

22. "Deus meu, Deus meu, por que me desamparaste?" [N.T.].

6   Mito e método

Nossa rota passou perigosamente perto da Esfinge. Com relação a Édipo, Freud estava certo ou errado? – como se iguais a heróis tivéssemos nós que escolher. Ainda estamos em território da Esfinge, embora penso que agora podemos enxergar por que o enigma aparece. Fomos enganados pela falácia intencional, levados a ler Freud segundo suas intenções. Ou seja, Freud intencionava estabelecer que o complexo central de todo o drama analítico é Édipo. O conteúdo básico da alma conflituada está na infância e suas paixões com relação aos pais. O autoconhecimento consiste em descobrir essa verdade.

Portanto fomos enganados ao seguir a crença de Freud de que os *conteúdos* do mito são o que há de essencial na análise. Fomos levados ou a aceitar que nós, como o pequeno Hans, somos realmente edipianos, assim provando que esse centro edipiano é universal, ou a rejeitar esse conteúdo central, parecendo, portanto, termos nos livrado de Freud e do freudianismo.

Não são, contudo, os conteúdos do mito que mantêm freudiana a análise. É o método. A análise é edipiana no *método*: busca como interrogação a consciência como enxergar, diálogo para descobrir as coisas, autodescobrimento por meio da lembrança da vida pregressa, leitura oracular dos sonhos. Os métodos de uma análise são os métodos desse mito. Aqui nos conectamos novamente com o tema de Eranos para este ano: encruzilhadas.

A palavra grega para estrada é *hodos*, de onde vem nosso "método", *meta-hodos*. Podemos imaginar um caminho para além da estreita e mortífera estrada de Citerão, um caminho que deixasse para trás os dilemas desse drama não somente no conteúdo, mas no procedimento, um caminho para a análise que permanecesse terapia, mas não edipiana, não apolínea?

Alguns anos atrás, em Eranos, tentei achar outro caminho. Voltei-me para Dioniso e para Hades, sugerindo uma consciência pós-apolínea[23]. Mais anteriormente havia sugerido Eros e Psiquê como o mito da análise[24]. Mas, para minha ignorância, permaneci edipiano. Estava ainda cego para a importância avassaladora do método, de que o mito mais profundo de qualquer análise está em seus métodos.

E assim também Jung não oferece uma saída. A passagem de 1912 que abre o *Wandlungen und Symbole* (que citei anteriormente) paga tributo a Freud e a Édipo a fim de deixar Freud e Édipo. Para abandonar Freud e Édipo, Jung introduziu muitos novos métodos: amplificação em vez de associação, compreensão sintética e progressiva, relatividade tipológica, a poltrona em vez do divã, uma ou duas horas em vez de cinco, participação do analista em vez de uma tela de projeção imparcial. Entretanto, o mito de Édipo permanece no *meta-hodos*

---

23. Cf. First Adam, then Eve (1969) [cf. a Parte III de *O mito da análise* – N.T.]; The dream and the underworld (1972).

24. Cf. On psychological creativity (1966) [cf. a Parte I de *O mito da análise* – N.T.].

da análise junguiana: tornar-se consciente por meio de *insight*, uma viagem de autoconhecimento, um diálogo com figuras tiresianas mais sábias, consciência como autoconscientização, sonhos como oráculos.

Talvez eu tenha que demonstrar mais completamente o que quero dizer com o mito no método e por que a análise permanece edipiana em função de seus métodos na prática. Para isso, voltemo-nos mais uma vez para Freud, Freud como um analista praticante falando com um paciente. O paciente é novamente o pequeno Hans. Um dos pupilos de Freud na época era o pai do garoto. (A mãe também tinha sido analisada por Freud.) O pai anotou as fantasias, as ansiedades, os comportamentos e as observações do pequeno menino e o que ele, pai, e também a mãe, respondiam. Um longo diário, *verbatim*, cobrindo muitos meses. Freud consultava o pai regularmente, tendo visto de fato o menino apenas uma vez, e analisou esse caso, fundamental para o campo da análise de crianças, de longe. Sua clareza a respeito da psique de uma criança vem de uma distância apolínea.

Agora escutemos as anotações de Freud daquela única conversa, quando ele viu e falou com o menino. O pai e Hans vêm juntos ao médico. (Abreviarei aqui e ali.)

> Naquela tarde o pai e o filho me visitaram [...]. A consulta foi breve. O pai de Hans começou por observar que, a despeito de todos os esclarecimentos que dera a Hans, seu medo de cavalos ainda não havia diminuído [...]. No entanto, ao ver os dois sentados à minha frente, e ao mesmo tempo ouvir a descrição que Hans fazia da ansiedade que lhe causavam os cavalos, vislumbrei um novo elemento para a solução [...]. Perguntei a Hans, à guisa de brincadeira, se os cavalos que ele via usavam óculos [Freud refe-

re-se às vendas, das quais Hans tinha um medo especial], ao que ele [Hans] respondeu que não. Então perguntei se seu pai usava óculos, ao que ele, contra toda a evidência em contrário, repetiu que não [...]. Revelei-lhe então que ele tinha medo de seu pai, exatamente porque gostava muito de sua mãe [...]. Continuei, dizendo que bem antes de ele nascer eu já sabia que ia chegar um pequeno Hans que iria gostar tanto de sua mãe que, por causa disso, não deixaria de sentir medo de seu pai [...].

Freud conclui o parágrafo recontando uma pequena cena entre pai e filho anterior à consulta com ele. O próximo parágrafo começa com esta frase espantosa:

> No caminho de casa, Hans perguntou ao pai: "O professor conversa com Deus? Parece que já sabe de tudo, de antemão!" Eu ficaria extraordinariamente orgulhoso, vendo minhas deduções confirmadas pela boca de uma criança, se eu próprio não o tivesse provocado com minha ostentação, à guisa de brincadeira. A partir dessa consulta, passei a receber quase que diariamente relatos das alterações verificadas na condição desse pequeno paciente. Não era de se esperar que ele ficasse livre de sua ansiedade, de um só golpe, com a informação que lhe dei; mas [...] dali por diante ele passou a executar um programa, o qual pude de antemão comunicar a seu pai.

"O professor conversa com Deus? Parece que já sabe de tudo, de antemão!" (*"Spricht denn der Professor mit dem lieben Gott, dass er das alles vorher wissen kann?"*)[25]. O caso do pequeno Hans não é somente a primeira análise de uma crian-

---

[25]. "Analysis of a phobia in a five-year-old boy" ["Análise de uma fobia em um menino de 5 anos"]: agradeço ao Dr. Joseph Cambray por chamar minha atenção para a observação de Hans. *Jahrbuch f. psychoanalytische*, 29.

ça; é a primeira análise por uma criança, pois Hans enxerga através das roupas do professor, desnudando Freud completamente. Freud acredita enxergar por dentro de Hans, o passado e o futuro: antes de Hans nascer ele amava sua mãe – e logo depois da "informação que lhe dei" Hans pode seguir "um programa, o qual pude de antemão comunicar a seu pai". Mas Hans enxerga em Freud sua natureza essencial, o Moisés de Freud por baixo da barba.

Onde Freud vê a cegueira de Hans – que seu pai muito evidentemente usa óculos, de forma que o medo do cavalo com vendas é reduzido ao medo do pai – Hans lê a inabilidade de Freud de ver que ele está no meio do mito, sem enxergar. Mesmo a frase "vislumbrei um novo elemento para a solução" (*"schoss mir ein weiteres Stück der Auflösung durch den Sinn"*) vem repentinamente durante o diálogo sobre visão e vendas. Aquele vislumbre foi um clarão apolíneo? É assim que Apolo afeta a análise: *insights* súbitos, claridades, cegas revelações? Enquanto Freud vê os conteúdos edipianos em Hans, Hans vê o método edipiano em Freud. Freud, o oráculo: o professor conversa com Deus e "Já sabe de tudo", como Tirésias, como os oráculos, aos quais se voltam Édipo, Laio e Creonte a fim de "executar um programa".

No próprio momento do *insight* sobre Hans, Freud está cego para o próprio processo de *insight* porque está tomado por seu conteúdo. É precisamente assim que os *insights* cegam. Estamos tão fascinados pelo que vemos que não enxergamos nosso ver: o conteúdo objetivo do *insight* salta aos olhos e assim perdemos o fator subjetivo responsável pela visibilidade desse conteúdo, que faz com que ele apareça. Esse é o momento edipiano no método analítico – quando a certeza nos toma, epifânica, seguindo uma longa espiral de junções e disjunções,

Freud vê Édipo em Hans porque o método de Freud é Édipo. Como ele disse: "A ação da peça consiste em nada mais do que o processo de revelar, com pausas engenhosas e sensação sempre crescente – um processo que pode ser comparado ao trabalho de uma psicanálise..."[26]. O que Freud vê na objetificação do mito ele importou para a análise por meio de seu método, essa arte de detectar as coisas em busca de soluções claras. Freud é edipiano, nosso campo da psicologia é edipiano porque, segundo Tirésias, a característica dominante desse homem cego Édipo está em como ele trabalha sua mente, seu superior *heuriskein*: descobrir, achar, decifrar. É precisamente essa atividade analítica de decifrar que nos mantém edipianos. Precisamos explorar ainda mais esse tema da cegueira psicanalítica.

---

26. "Analysis of a phobia in a five-year-old boy."

7 Cegueira psicanalítica

A cegueira é o pré-requisito do método edipiano em psicologia profunda, pois ela inicia a busca de si mesmo. Começamos no escuro, incapazes de enxergar o que fazer, que caminho tomar, como que numa encruzilhada. Pedimos luz para os problemas e *insight* sobre nossa natureza. Queremos enxergar claramente o que está errado e livrar nossas almas da esterilidade e da desgraça e, portanto, encontrar verdadeiramente o que somos. Voltamo-nos aos sonhos como guias gnômicos e destrinchamos o quebra-cabeças passo a passo. Sim, para estarmos em análise precisamos estar cegos. Essa cegueira é hoje chamada de inconsciente.

Há maneiras de estar cego: como Édipo cujos olhos estão abertos, mas que não pode ver; como Tirésias cujos olhos estão fechados, mas é um vidente. Ainda assim, ambos são cegos. A linguagem da luz, da visão e dos olhos permeia a peça. A cegueira autoinfligida de Édipo ao final do *Tyrannos* é normalmente compreendida como a revelação de seu verdadeiro caráter. Ele está concretamente cego no fim porque está psiquicamente cego no início. A cegueira de Édipo no fim, contudo, é o resultado do método de seu procedimento – busca, questionamento, chegar à verdade de si mesmo, autodescoberta. Conhece-te a ti mesmo, aqui, equaciona-se com cegueira: quando, ao proceder no método edipiano, finalmente sei quem sou, o resultado cega, o resultado é a cegueira.

Aquilo que Tirésias chama

> o açoite duplo
> da maldição de tua mãe e de teu pai
> há de expulsar-te um dia... [e] enxergarás somente sombras
> (Kury, 502-506).

resulta da tentativa de Édipo de enxergar por interrogação e interpretação. O conteúdo resulta do método. Aquilo que é descoberto está extremamente ligado ao modo como é descoberto. As maldições dos pais reveladas numa análise surgem da história na qual estamos envolvidos ao entrarmos na cegueira original que é a premissa analítica: sua fantasia de uma viagem, um *hodos*, do inconsciente rumo à autodescoberta via iluminação.

Para que haja análise antes de mais nada é preciso perceber que estamos atados ao mundo dos pais como inconsciência, incestuosamente (Freud), uroboricamente (Jung), desejando heroicamente libertar-nos através de *insight*. "Em caso algum desistirei de elucidar esse mistério", declara Édipo, enquanto a resposta final de Jocasta suplica por inconsciência: "Infeliz! Tomara que tu jamais venhas a saber quem és!" (Mello & Souza, p. 166). Descobrir quem és sobrepuja a inconsciência incestuosa, e o analista pode guiar porque tem olhos mais amplos e mais encravados, olhos de Tirésias. A análise almeja abrir os do paciente ao colocar a vida concreta no vaso (*temenos*, processo, transferência etc.), descartando os olhos da visão física de forma a enxergar a vida mais claramente como um campo de projeções ignorantes, como sombras na parede da caverna.

O resultado é a tragédia, uma vez que o esforço heroico do "Eu" de enxergar é o próprio sintoma tentando enxergar, e um sintoma não pode enxergar a si mesmo. E por isso que é um sintoma. A tragédia da Grécia torna-se a tragédia da psicanálise. Como disse Freud (1954): "Cada membro da audiência foi alguma vez um companheiro Édipo em fantasia e isso [...] faz com que todos recuem aterrorizados". A percepção trágica de que o próprio instrumento que chamo de minha consciência, e que estou usando agora mesmo para analisar a tragédia de Édipo, é em si edipiano me faz recuar, não por causa de minhas fantasias, mas porque o horror é minha própria consciência.

Assim a análise não pode deixar de confirmar, caso após caso, como evidência empírica, o terrível impacto dos desejos, dos medos, dos ódios e abusos da infância. E a análise não pode deixar de propor, de tantos em tantos anos, novas teorias com relação à causalidade amaldiçoada das imagos parentais e da dinâmica formativa da primeira infância. Cada nova teoria, desde os primeiros discípulos mais próximos de Freud, passando por Klein, Kohut e Lacan, incluindo o fascínio do junguianismo moderno pela psicologia do desenvolvimento, os arquétipos do pai e da mãe, a técnica da caixa de areia e a análise de crianças, tudo isso se volta para a mesma base em Édipo. Os achados empíricos e as teorias revelatórias confirmam o mito no qual a análise, segundo o que disse Freud, se baseia. Porque procedemos como Édipo, então pensamos como Édipo – e encontramos o que ele encontrou[27].

---

27. O coração da cegueira é a crença. Ver é crer. Aquilo que claramente vemos nos convence de que vemos claramente. A crença central da análise afirma que a desordem pessoal desenvolve-se no âmbito da família. O mito da família funde-se com o método da análise como a reconstrução do desenvolvimento pessoal. Quando

"Secular" e "burguês" são outras palavras que designam a alma caída, exilada na facticidade. Enquanto a alma estiver no exílio, como tão frequentemente e tão fervorosamente disse Corbin em Eranos, enxergamos as coisas apenas com os olhos do exilado, revemos o passado somente em sua facticidade e imaginamos a saída apenas como desenvolvimento progressivo (cf. Corbin, 1974). Mas não há desenvolvimento no exílio, uma vez que o exílio não progride e a própria noção de desenvolvimento é a expressão secular do anseio do retorno, da restauração. Assim, a tarefa terapêutica não é a reconstrução do passado e da família, mas reconstrução do Templo que restaura a cidade para lembrar de sua alma. Consequentemente, o impulso de procurar a terapia com a finalidade de se livrar da família apresenta o desejo da alma de retornar da facticidade na qual ela se sente diariamente exilada.

Se tivéssemos que imaginar a terapia diferentemente – por exemplo, como um trabalho no amor por meio da importância do mitologema de Eros e Psiquê; ou como um trabalho na geração e no casamento com os mitos de Zeus e Hera, suas brigas e sua descendência; ou como um trabalho no voar e no fazer imaginativos com Ícaro e Dédalo; ou com Ares e o mundo do combate, da raiva e da destruição; ou como um trabalho

---

invoco "a memória e revejo os meus tempos vividos" (W. Shakespeare, *Soneto XXX* [*"I summon up remembrance ofthings past"*]), minha análise é secular e burguesa porque essas coisas, o passado, estão presas no mito da família e uma família de uma variedade europeia específica. Essa família pode ainda existir em bairros ou regiões de classe média branca que provêm a população para o culto de Édipo da terapia, mas essa família dificilmente existe na grande cidade como um todo. Essa cidade de pretos, marrons, bejes, olivas, amarelos – e todos tingidos na alma com o azul, o *"blues"* – procura sua cura menos em sessões de autobusca, na atmosfera de um doce silêncio pensativo, do que nas ruas.

de mimese onde a arte vira a vida pelo desejo com Pigmaleão; ou um trabalho no qual Hermes, Afrodite, Perséfone ou Dioniso tenham o papel principal – os métodos da terapia seriam de natureza totalmente diferente. Estaríamos ainda avaliando uma alma humana em termos de suas origens, e seria origem equivalente a pais e infância? Estaríamos ainda tentando "nos encontrar", nossa história verdadeira, nossa identidade? Estaríamos ainda resolvendo enigmas, lendo previsões em nossos sonhos, tratando nossas fantasias como oráculos que devem nos dizer quem, de fato, somos? Se os métodos viessem de outros mitos, os analistas seriam menos pais e mães, menos videntes e profetas. O incesto e o abuso da criança não seriam conceitos teóricos principais e âncoras experimentais. E a cegueira seria deslocada da definição de inconsciência para o próprio ato de analisar essa inconsciência. Como Édipo, nossa cegueira aparece nos métodos que empregamos para ver.

Enquanto Édipo está totalmente envolvido na busca de si mesmo, métodos diferentes nos libertariam do subjetivismo. Nossos sofrimentos e patologias seriam menos nossos. Em vez disso, por exemplo, eles poderiam se referir às inerentes dificuldades do voar e do fazer imaginativos; da arte de amar sabiamente; do trabalho amoroso do casamento; do isolamento da pesquisa; da dor das brigas; ou simplesmente de viver com a Gaia terra. O cansaço, a febre e a irritação que atormentaram a tarefa de escrever esse ensaio seriam atribuídos ao ensaio – os *daimones* de escrever, de falar em público, de Eranos, de Édipo –, não a "mim" e a "meu problema". A menos que abandonemos o subjetivismo, como irá a alma algum dia retornar ao mundo, às coisas como elas são de forma que elas recebam de nós a atenção que precisam? Há outras buscas, outras urgências do que aquelas do si-mesmo. O que é isso de fazer algo belo? Servir minha cidade? Ser amigo, morrer com dignidade, amar o mundo, lembrar dos deuses?

Nomeei alguns temas e umas poucas personagens míticas aleatoriamente. Incontáveis histórias movimentam-se na floresta. Os prados da alma estão cobertos de ficções entrelaçadas. O próprio Sófocles, diz E.R. Dodds, "mantinha diversos sacerdócios" (Dodds, 1966, parte III). E o Coro em *Oedipus* invoca muitos outros deuses em contraste ao herói monomítico que mantém uma devoção hipócrita a um deus somente. O Coro pergunta:

> Terríveis atos praticaste! Como ousaste
> cegar teus próprios olhos? Qual das divindades
> deu-te coragem para ir a tais extremos?
> (Kury, 1573-1575).

Édipo responde:

> Foi Apolo! Foi sim, meu amigo!
> Foi Apolo o autor de meus males,
> de meus males terríveis...
> (Kury, 1576-1578).

A própria peça esboça um outro modo de se chegar à verdade de nossa natureza. A origem de Édipo é relatada por um bêbado numa taverna, tornando supérfluo todo o procedimento dos oráculos, profetas, pragas e inquisições. A fofoca, a bebedeira e o companheirismo comum de *demos* revela caráter e destino sem o método edipiano de busca pelo autoconhecimento. Os outros lhe dizem quem és. A peça segue esse trilho dionisíaco, pois ela encena em público, para que todos vejam, as agonizantes intimidades da alma.

Os embaraços de nossa ficção edipiana, no entanto, impedem-me de explorar essas possibilidades. Enquanto estiver fazendo uma psicanálise da psicanálise, meu pensamento estará limitado pelo método de Édipo: *insight*, clarificação, descoberta do que está errado, devolver tudo aos pais e à infância – Apolo, Sófocles, o primeiro Freud, o pequeno Hans. Não posso mapear as rotas para as outras terapias – das habilidades artesanais, do serviço, da expressão, da camaradagem, da adoração, da disciplina da beleza, o que quer que seja – porque o método de Édipo definiu até mesmo o *meta-hodos*: tornar-se consciente encontrando-se a si mesmo. Quaisquer que sejam os mitos em operação na psique, quaisquer que sejam os conteúdos que possamos revelar, enquanto nosso método permanecer a busca de si mesmo essas outras histórias irão permitir apenas resultados edipianos porque nos voltamos para elas com a mesma velha intenção. Estamos ainda procurando uma identidade subjetiva ao compreender a nós mesmos, localizando essa compreensão e essa identidade numa narrativa de desenvolvimento pessoal. Não conseguimos escapar dessa peça, dessa tragédia.

Pop-politeísmos e astro-mito-tipologias nos enganam ao nos oferecer novíssimos conteúdos com os quais nos identificar. Os novos conteúdos, entretanto, estão restringidos pelo velho método da autodescoberta. Voltamo-nos a uma deusa não por ela, por sua *therapeia*, mas para nossa autorrealização. Os ideais transpessoais das psicologias da nova era defendem-se contra as ansiedades apolíneas com idealizações apolíneas. Essas servem como negações contrafóbicas da tragédia inerente em sua busca pelo si mesmo. Daí o desejo desesperado de deixar o mundo grego completamente, por meio de rituais de cura dos índios norte-americanos, xamanismo esquimó, movimentos balineses, posturas Zendo, batuques africanos, respiração hindu, sexo tântrico. A terapia quer deixar a Grécia para escapar de Édipo.

O quanto esse mito é nosso, quão completamente ele caracteriza nossa era psicológica pode ser visto nos relatos que fazemos de nossas misérias. Que outra cultura – egípcia, hindu, romana, tribal, tradicional católica, para não falar da grega – atribuiria aos pais reais e à infância real a razão pela qual enlouquecemos, deprimimos, adoecemos com queixas psíquicas ou nos excluímos da sociedade? E que outra cultura procuraria a cura para essas doenças – não nos deuses, nos ancestrais ou nas forças cósmicas e não em rituais, pragas, demônios, nomes, lugares, comidas, ares, águas, ou seja, coisas reais visíveis e invisíveis –, mas evocando lá de trás e de há muito tempo sua infância e seu parentesco pessoais? Que ironia que a psicologia de nossa cultura esteja fixada na ideia de desenvolvimento, portanto impedindo a psicologia, e nossa cultura, do próprio desenvolvimento adotado por essa ideia.

A psicanálise oferece consciência. (Uso a palavra "psicanálise" para todo o movimento psicoterapêutico, independente de escola.) Consciência é o termo de salvação. A consciência pode proteger, ou ao menos dar *providentia*, com relação ao desastre, à doença, ao destino – especialmente o destino de Édipo. Se tivermos consciência psicológica, não estaremos cegos. É isso que se supõe. Os praticantes do culto da consciência atuam seus rituais com horas agendadas, lugares agendados. Nessa prática, os conteúdos edipianos da história como determinantes do destino são certificados, testemunhados e confirmados pelo sacerdote e pelo penitente numa comunhão emocionalmente absorvente. Proclamando que a prática do culto pode abrir os olhos por meio de seu método de examinação subjetiva, a psicanálise mantém um cegamento com relação a seu mito que requer cegueira como premissa, até mesmo definindo seu cegamento como *insight*. Além disso, por definir exclusivamente a consciência como o produto de seu método, a psicanálise apropria-se antecipadamente do método de tornar-se consciente. Sua *hybris* é edipiana: autoconscientização é a única definição de consciência. Há um só caminho: o método da investigação subjetiva. Fora da Igreja não há salvação (*Extra ecclesiam, nulla salus*).

Ainda assim a própria análise é apenas um caminho, um caminho que oferece uma contribuição disciplinada para as artes da reflexão psicológica, da imaginação e da conversação. Que não são pouca coisa, mas nada disso engloba completamente a consciência. O pescador com sua rede, a voz da cantora *soul* cantando *blues*, a espert22za do advogado em sua argumentação, o professor do jardim de infância e a enfermeira movimentando-se com suas obrigações, o sentido que tem um jardineiro de sol, sombra, solo e umidade – essas consciências especialmente atentas não requerem nenhuma examinação da história subjetiva. Porém, a análise diria que para que eles se tornem conscientes precisam entrar para a Igreja, ir para a terapia. Ao contrário, eu diria que a *vida não examinada vale a pena realmente ser vivida*. Mais: a vida não é uma charada! Que monstruosidade assim considerá-la! "Provai e vede" (Sl 34,8).

8   Análise em Colona

Parece que amaldiçoei a psicanálise ao mantê-la atada a Édipo de cuja tragédia, segundo a tragédia, não se pode escapar. Aprendemos que substituí-la por um outro mito ou qualquer número de mitos apenas nos levará de volta a Édipo por causa do método analítico. Felizmente, esse mesmo mito oferece um seguimento. Freud para em Tebas, com o *Tyrannos*. Sófocles continua a sonhar o mito, como nos aconselhou Jung. Vamos então caminhar de Freud para Jung indo com Édipo para Colona, esse segundo Édipo, escrito por Sófocles aos 90 anos, pouco antes de morrer nessa mesma cidade, Colona.

Contudo, não pode haver nenhum seguimento se a psicanálise não se der conta, ela mesma, tão inteira e completamente quanto o faz Édipo, da realidade de sua própria inflação cega: essa insistência inflada de que ela é o doutor da cidade doente, da esterilidade e da peste que está espalhada por seus cuidadosamente bem-arrumados consultórios. O fato de localizarmos a psique na psicologia e nosso decorrente controle aprisionante da psique, nossa autocentrada visão de consciência que nega ao mundo sua mente, nossa redução do insondável *hodos* da alma às pequeninas trilhas da infância, ouvindo os deuses somente nos oráculos, e aquela presunção de que se arrumarmos a consciência individual então a cidade ficaria bem de novo – tudo isso é um delírio e uma *hybris*. Como Édipo, somente iremos para Colona quando reconhecermos a verdade esclarecedora e cegante de que somos os culpados e não a cura. A primeira descrição de Colona vem de Antígona:

> Este lugar é certamente consagrado;
> há por aqui muitos loureiros, oliveiras
> e também parreiras, e sob essa folhagem
> os rouxinóis de um coro alado estão cantando
> harmoniosamente
> (Kury, 17-21).

O Coro também fala algo mais sobre esse lugar sagrado:

> Evita,
> andando sobre a relva deste bosque
> mudo, chegar inadvertidamente
> até a grande taça cuja água
> é misturada ao mel das libações!
> (Kury, 170-174).

E no famoso poema coral que descreve Colona, a natureza do Citerão é profundamente transformada:

> Aqui o rouxinol, constante hóspede,
> entoa sempre o canto harmonioso
> no fundo destes vales muito verdes;
> [...] aqui
> vagueia o próprio deus das bacanais,
> Dioniso, quando ele vem prestar
> o culto às divindades que o nutriram
> (Kury, 753-764).

Os versos continuam falando de cachos de narcisos, crocos, oliveiras e de Atena dos olhos cinza, das Musas e de Afrodite.

Também há bastante sobre o adestramento de cavalos. Canções dos pássaros, o som das águas, os próprios límpidos poemas mostram uma mudança do enxergar para o ouvir. A primeira frase da peça é uma pergunta, a questão-chave para se resolver o complexo de Édipo. Édipo pergunta a Antígona: "Filha do velho cego, a que lugar chegamos?" (Kury, 1-2). Nas próximas 81 linhas da peça Édipo faz 19 perguntas. Essas diferem das que ele fazia em Tebas, das que a Esfinge fez a ele, ou das que ele fez ao oráculo. Ele não é mais o inquisidor furioso, entortando o braço do camponês para saber a história toda.

Ele pergunta sobre o lugar, a natureza e o comportamento de onde ele está agora e como adaptar-se a ele. Diz ele a Antígona:

> Oculta-me no bosque,
> fora da estrada; quero ouvir-lhes as palavras
> (Kury, 132-133).

O Coro diz a ele na primeira fala: "Estás me ouvindo, andarilho inditoso?" (Kury, 177). Antígona o aconselha:

> Devemos adaptar-nos, pai, às tradições
> dos habitantes desta terra
> (Kury, 183-184).
> Enxergo graças às vozes
> (Kury, 155).

Estar vivo é escutar: o Coro descreve a morte como "sem música, sem dança". Ele aprende a prece com o coro escutando (*akousai*). Enquanto ele não podia enxergar nada em *Tyrannos*, em *Colonus* ele pode ouvir (*akoueté*) tudo na decepção de Creonte. No fim, antes de ir embora para morrer, ele ouve suas filhas lamuriando, ouve o sinal do trovão e o chamado do outro mundo:

> Por que tardamos tanto a pôr-nos a caminho,
> Édipo? Fazes-te esperar há muito tempo!
> (Kury, 1930).

A confiança nos oráculos esmaece. Ele até mesmo refere-se ao oráculo de Apolo como feio (*kaka*). No país da *anima* o modo espiritual é ultrapassado. Quando se está centrado, quem precisa de sabedorias previdentes? "Mas, já que não é agradável retomar assuntos interditos..." (Kury, 694-695), diz o velho Édipo. Menos sinais, menos videntes, menos profecias: mais conversa cochichada. "Toque-me", diz ele a Ismena, e a Antígona,

> Vinde a mim, ao vosso pai!
> Quero sentir os vossos corpos novamente,
> pois já perdera as esperanças de encontrar-vos!
> (Kury, 1282-1284).

Édipo em Colona sofre fisicamente, assim como sofria seu povo em Tebas. Ele tombou do alto de sua brilhante sagacidade para o mundo do toque ao arrancar seus olhos com os alfinetes de Jocasta. Isso abre seus olhos separando-os da luz, do enxergar claramente e do saber como visão. Agora ele sabe de modo diferente. Desceu (cf. Schroetter, 1982, p. 131-133) da cegueira espiritual de sua *hybris* como salvador, caminhando através da cegueira psicológica da obsessão com a família, até o lado inferior de seu deus, o crime sanguinolento e a catarse: Febo Apolo, agora lobo e corvo (cf. Kerényi, 1983, p. 56). Somente nessa queda final Édipo é revisto ao rever a si mesmo.

Aristóteles, na *Poética* (XIV), ao falar do medo, da piedade e do *Oedipus*, diz que "o *mythos* tem que ser construído de forma que, mesmo sem os olhos, aquele que escuta a história contada irá tremer de horror e derreter-se de piedade". Não o olho, mas o ouvido: a *katharsis* depende não daquilo que vemos, mas daquilo que ouvimos. Nessa passagem, Aristóteles – apesar do significado basicamente apolíneo de *katharsis* como uma clarificação racional[28] – posiciona-se no movimento catártico do *Tyrannos* para o *Colonus*.

O movimento de Tebas para Colona leva a mente do ver para o ouvir; leva o questionamento daquilo que aconteceu para onde estamos agora; leva a família, dos pais para as crianças, e as crianças (*tekna*, como ele chamava os tebanos e agora chama suas filhas), do dever para o amor; leva a revelação do caráter, da pesquisa da origem para a preparação do fim; leva a salvação da cidade pela ação para abençoar a cidade com a morte; e leva a piedade, dos oráculos para as libações. Essas movimentações trouxeram Édipo para o país da *anima*. Colona é descrita como *argeta*: prateada, radiante, branca[29]. Essa é a nova terra, uma terra estrangeira para um herói.

Essas movimentações sugerem uma outra: de Freud para Jung, um movimento dentro do mito da análise, que é nossa razão principal para revisitar Édipo. No *Colonus* a *anima* e as imagens são mais o método – a pereira oca sob a qual se senta Édipo e desfaz suas vestimentas imundas. Antígona na floresta selvagem, sem sapatos, açoitada pela chuva, Ismênia sorrindo, usando um enorme chapéu de sol quando retorna num pônei siciliano, a alegoria do sofrimento de Édipo como um invernal e selvagem rebentar de ondas sobre ele que nunca acalma. A

---

28. Cf. Nussbaum (1986) onde ela alega que a história do termo katharsis mostra que o seu "significado primário, central, contínuo é grosseiramente o de 'aclarar' ou de 'clarificação'".

29. Cf. Hillman (1980; 1981) sobre o significado alquímico e psicológico da prata como a cor da *anima*.

anima lidera na pessoa de Antígona que provê o *hodos*. Ele chama Ismena e Antígona de "minhas filhas, irmãs!" (Kury, 348). O incesto muda do literalismo e do tabu para filha-irmã, um duplo sentido que o acompanha e guia em seu caminho. São invocados deuses dos quais pouco ouvimos falar anteriormente – Hermes, Perséfone, a verde Deméter. Ares, que trouxe a raiva a Édipo e a praga ígnea a Tebas, e também o brilhante Febo, têm suas forças esmaecidas. A cegueira de Édipo e de Tirésias são suplementadas pela cegueira da alma inquieta.

> Meus olhos, pai, não param de chorar sentidamente
> (Kury, 2024-2025),

diz Antígona. "Limpá-los de toda a tristeza é impossível."

Essa terra flui com as águas. Pertence a Poseidon. Em vez da descoberta do que está errado e de sua correção, a submissão – à sua terrível vida, à morte, aos deuses e a Teseu, o rei mais jovem.

O laço entre Édipo e Teseu repete, e redime, o amor homoerótico tão desastroso para Laio. Embora a maldição ancestral ("antes de nascermos") de Tebas continue com Édipo amaldiçoando seus próprios filhos que o expulsaram, ele dá sua bênção ao filho de um outro homem, Teseu. O sentimento entre eles é dado não pela paixão avassaladora no estilo de Laio, mas pela submissão. Édipo transmite o poder da bênção ao render-se à sua fraqueza. Ele diz a Teseu: "Venho para ofertar-te meu sofrido corpo [*athlion demas*]" (Kury, 636). Será que isso indica como o analista velho e paternal avança na transferência homoerótica entre o homem mais novo e o homem mais velho? O relacionamento avança para uma bênção, não porque o mais velho confere *status*, sabedoria ou proteção, mas por seu refúgio suplicante para seu ser abatido (sofrido corpo) no território do mais jovem. Ele diz:

> Tende piedade dos vestígios infelizes
> de Édipo, que já não é o homem de antes! (Kury, 128-129).

E, ainda assim, diz: "Hoje, que nada sou, volto então a ser homem?"[30] (Kury, 423).

Rendição como bênção.

Também Freud diz que esse é o caminho para superar o complexo de Édipo: submissão ao outro sem medo da castração. (Embora o homem ao qual nos submetemos, acrescentaria Sófocles, deva ser um virtuoso, pois não é a Creonte, nem a Polinice, que Édipo se submete.) Essa superação, essa dissolução – o termo que Freud usa é *Untergang* – ocorre graficamente em *Colonus*. Édipo vai embora por um caminho íngreme que desce (*katarrakten hodon*). Quer seja como submissão, ou como um segundo sentido que está mais abaixo (*hyponoia*), ou como submundo das trevas, o caminho de Édipo para baixo é o caminho da psique para cima. O mensageiro descreve sua ida:

> Não o atingiu qualquer relâmpago de Zeus,
> nem um tufão vindo do mar naquela hora. [...]
> ...ou então os abismos sempre tenebrosos
> do mundo subterrâneo podem ter-se aberto
> para levá-lo sem lhe causar sofrimentos.
> O homem desapareceu sem lamentar-se
> e sem as dores oriundas de doenças,
> por um milagre inusitado entre os mortais
> (Kury, 1964-1972).

---

30. Algumas traduções [para o inglês] desta fala são: *"Am I made man in the hour when I cease to be?"* (Watling); *"When I am finished, I suppose I am strong!"* (Fitzgerald); *"So, when I cease to be, my worth begins"* (Storr): *"When I am nothing, the am I a man?"* (Whitman). A nota 6 traz as referências bibliográficas completas.

Nessa peça a própria análise parece superada, pois o contentamento produz a compreensão, em vez da compreensão, o contentamento. Tentar descobrir não é o caminho, não produz sentido, e também não salva da tragédia. Pois, como diz Édipo e repete Freud, a tragédia estava toda conhecida há muito tempo, antes do nascimento. O foco não é mais "lembrar do que aconteceu". Em vez disso, diz Édipo em sua fala final, "Não me esqueçais" (Kury, 1847), ele mesmo entrando na *memoria*, no "maravilhoso", consciente de estar se tornando mito. Nem o conhecimento, nem a verdade, nem o sentido importam muito no país da *anima*. Ao invés disso, escuta, beleza, natureza, bênção, lealdade, serviço, morrer e amor. Ele diz a Antígona:

> Chegai-vos, abraçai-me agora
> e tereis posto fim a esta solidão
> que torna lastimável minha vida errante
> (Kury, 1292-1294).

E, no fim, para suas filhas:

> Ah! Minhas filhas!
> De hoje em diante vosso pai já não existe;
> de fato, agora acaba-se tudo o que fui
> e cessa o vosso encargo de cuidar de mim –
> muito penoso, eu sei, minhas pobres crianças –
> uma palavra só, porém, vos recompensa
> por tantos sofrimentos: de ninguém tivestes
> amor [*philein*] maior que o deste homem sem o qual
> ireis viver pelo resto de vossas vidas!
> (Kury, 1913-1921).

9 O imutável e o mutante
ethos e *daimon*

Muitas mudanças entre *Tyrannos* e *Colonus*, mas não no caráter da personagem principal[31]. Édipo ainda é um herói-salvador – antes de Tebas, agora de Colona ao protegê-la com sua tumba. Ele ainda faz perguntas, quer saber; ainda confia na sagacidade, ao lidar com Creonte e Polinice. Ainda é um enviado de Apolo, declarando-se um homem sóbrio que não toma vinho (*nephon aoinos*), que aguarda serem cumpridas as palavras de Apolo. Ainda luta, heroicamente, no corpo a corpo com Creonte. A atração da família permanece. Creonte e Polinice lembram-lhe do pai e da mãe, do crime e de Tebas. Eles querem que suas filhas e que sua morte estejam no velho lugar. Ainda está preocupado com a polis, dizendo a Teseu numa última bênção:

> Sede felizes,
> tu, o melhor de todos os anfitriões,
> tua Pátria, Teseu, e todos os teus súditos!
> (Kury, 1844-1846).

---

31. "Já foi há muito tempo reconhecido que Édipo, em seu caráter fundamental, é o mesmo que sempre foi... Não apenas seu caráter, mas seu destino externo permanece imutável" (Whitman, 1951, p. 199).

Édipo e variações

ainda unindo rei, terra e povo numa só coisa. O traço de personalidade da discrição, de suas origens em esconderijos, e como a contraparte paranoica de sua identidade pública, também persiste. Pois ele ordena Teseu, naquela mesma fala, a vir até o túmulo sozinho:

> Conhecerás mais tarde o mistério sagrado
> lá no local, só tu, pois nem eu mesmo posso
> transmiti-lo a nenhum de teus concidadãos,
> nem às minhas próprias crianças, apesar
> do meu amor por elas. Terás de guardá-lo
> por toda a vida [...]
> (Kury, 1810-1815).

Uma coerência de *ethos* ou de caráter que permanece (*Poética* XV).

A distinção entre o que muda e o que não muda é crucial para a psicoterapia. Trabalhar com o imutável assim como se ele pudesse ser mudado, ou não perceber as mudanças por uma fixação em complexos intratáveis – esses são, de fato, infelizes erros terapêuticos. O *ergon* da análise nos muda e não nos muda. O mesmo e o diferente são realmente categorias básicas. Não são meramente perspectivas, como se com um olho pudéssemos ver toda a diferença que faz a psicanálise, enquanto para o outro olho tudo parece ter permanecido o mesmo. Édipo fornece um panorama para essa distinção crucial entre aquilo que muda e aquilo que não muda. O teor, a paisagem, as imagens, o método, tudo muda. Preparando-se para a morte, ele foi transportado para o país da *anima*. A filha-irmã que "serviu de olhos para minhas nuas fossas oculares" deu-lhe uma visão diferente.

A análise pode aprender com isso que seu trabalho é menos mudar o caráter e mais libertar a alma da tirania do caráter, distinguir entre *ethos* e *daimon* e, portanto, servir ao *daimon*, uma *therapeia* do *daimon*. Como disse Henri Corbin: o objetivo do trabalho não é a sua individuação, mas a individuação do anjo. Portanto, no fim Édipo desaparece e as filhas permanecem visíveis – o *esse in anima* de Jung, estar na alma (OC 6, § 77), mostrado como realidade dramática.

O processo do trabalho analítico tem pausas engenhosas e sensação sempre crescente, como disse Freud, mas não, como disse ele, para desenredar e revelar. Como Antígona conduz Édipo, passo a passo a visão do *daimon* conduz a cegueira do caráter a uma terra estrangeira, a cidade branca, *la terre pure*.

> Ele morreu em solo estranho
> de acordo com sua própria vontade
> (Kury, 2020-2021),

diz Antígona. Claro, suas questões são todas sobre essa terra estrangeira em vez de sobre si mesmo, pois o habitual *ethos* do autoestudo, a psicodinâmica de Édipo, não diz nada a respeito de onde ele está agora. A terra mudou porque o *daimon-anima* mudou, de matar a mãe montanha para bosque benigno das deusas, das Fúrias para as Eumênides, de rainha mãe-esposa suicida e Esfinge suicida, e possível ninfolepsia, para filhas-irmãs amorosas. Com a morte de Édipo em Colona a psicanálise baseada nesse mito passa do *ethos* para o *daimon*, da psicodinâmica para a psicodaimônica. Caráter e alma seguem seus caminhos separados. A realeza apolínea e sua cegueira, a história familiar amaldiçoada com literalismo e profecia, o método da inquirição para a resolução de problemas – tudo isso deixa essa cena terrena. A filha-irmã e a cidade continuam.

Se a eternidade de Édipo como um herói, como um drama e como um mito eterno da psique fica assegurada ao final de *Colonus* por meio de sinais tradicionais de imortalidade – relâmpagos, evanescências, abertura para o outro mundo[32] – a *imortalidade real é apresentada como continuidade*, como ligação com o *agon* da vida. Antígona volta a Tebas. É isso o que realmente permanece: a alma e a cidade. Em sua última fala, bem ao final de *Colonus*, ela diz:

> Manda-nos logo de retorno a Tebas,
> nossa antiga cidade
> (Kury, 2085-2086),

que ela chama de *Ogygious*[33] localizando o lugar mítico, primal, imaginal na cidade real de Tebas, esse lugar amaldiçoado e patologizado. *Para a alma, o outro mundo está neste mundo, visível, aqui e agora.*

---

32. Nagy (1979, p. 190-195) sobre raios e rajadas de vento, ambos mencionados na negativa em *Colonus* (1558-1559), e raios mencionados diretamente em 1515.

33. Cf. "Ogygos" em Roscher, *Ausführliches Lexikon* III/I, 68394. Além de ser um nome do primeiro rei de Tebas, um epíteto comum para seu patronato (ou padrão) fundador. para a própria cidade de Tebas, e para uma de suas sete portas, Oggos é um nome de Dioniso, Poseidon, Oceano e de um Titã (689), assim como o mundo aquático tentador da ilha de Calipso. A palavra sugere as profundezas secretas da imaginação oceânica, o aspecto titânico do primordial *Ur-welt*, ou Imaginal como "*das Unermessliche und Ungeheure*" (693).

10 Postscript

Peço para concluir com um *postscript* sobre o ato de falar para dar um relato daquilo que pensei ao aceitar falar de psicanálise em Eranos mais uma vez. Afinal, quanto é que cada um tem para falar? Não revolvemos em torno dos mesmos temas, tocamos as mesmas cordas, mesmo que em tons e ritmos diferentes? Mas eu não vim motivado por novidade, em função de algo novo para dizer. Esse tema da cegueira apolínea foi abordado aqui muitas vezes em ensaios anteriores. Além disso, Freud e Jung têm sido as figuras centrais de minhas voltas e reflexões ano após ano. E certamente não vim para ajudar a manter uma tradição, ou seja, por razões ligadas ao velho. Uma tradição vive na devoção silenciosa da regularidade: não requer a fala. O tempo apenas, não como novidade, nem como algo velho, justifica.

A princípio aceitei por razões de lealdade e afeição e por necessidade do alimento que esse piquenique, esse *eranos*, oferece. Desde então percebi que a apresentação desse ensaio é uma apresentação de si mesmo, de um si mesmo edipiano, de um homem cego numa cidade doente, lutando com a maldição apolínea desse mundo, a psicanálise. A peça trouxe palavras de autorrevelação. Não percebi de início que eu estava na peça, que o drama era tão poderoso, que Freud tinha um faro tão agudo, e que essa peça brinca com a mente inquisidora e o método heurístico de nossa cultura dos quais eu não escapei. Não percebi que era eu que não podia ouvir o coração de meu próprio discurso. Mesmo minhas perguntas e respostas, "Por que vim, por que falo?" é edipiano. Somente quando Édipo desaparece montanha abaixo, somente quando ele se afasta de nós, podem os rouxinóis, as águas refrescantes de Poseidon e o verdejar de Deméter tocar nosso campo, uma psicologia da *anima* liberta da tirania de Édipo.

> Por que tardamos tanto a pôr-nos a caminho,
> Édipo? Fazes-te esperar há muito tempo!
> (Kury, 1930).

Referências

Benardete, S. (1966). Sophocles' Oedipus Tyrannus. In: T. Woodard (ed.), *Sophocles*. Prentice-Hall.

Brandão, J.S. (s.d.). *Mitologia grega* (Vol. I). Vozes.

Brandão, J.S. (s.d.). *Mitologia grega* (Vol. III). Vozes.

Cocteau, J. (1932). *Essai*. Bernard Grasset.

Cocteau, J. (1935). *Portrait-Souvenir 1900-1914*. Bernard Grasset.

Corbin, H. (1974). L'imago templi face aux normes profanes. *Eranos Jahrbuch, 43*. 183-254. [Parcialmente em inglês em *Spring*, 1975, e totalmente em inglês em *Temple and Contemplation*, 1986.]

Delcourt, M. (1981). *Oedipe ou la legende du conquérant*. Belles Lettres.

Deubner, L. (1942). *Ödipusprobleme*. Akademie der Wissenschaften.

Dilthey, W. (s.d.). *Das Erlebnis und die Dichtung: Lessing, Goethe, Novalis, Hölderlin* (4. ed.). B.G. Teubner.

Dodds, E.R. (1966). On Misunderstanding the *Oedipus Rex*. *Greece and Rome, 13*.

Dover, K.J. (1980). *Greek homossexuality*. Vintage books.

du Gard, R.M. (1951). *Notes sur André Gide (1913-1951)*. Gallimard.

Edinger, E. (s.d.). *Ego and archetype*. Penguin.

Fellini, F., & Grazzini, G. (1985). *Fellini por Fellini*. Publicações Dom Quixote.

Fiedländer, P. (1964). *Plato* (Vol. 2). Pantheon.

First Adam, then Eve. (1969). *Eranos Jahrbuch, 38*.

Freud, S. (1922). *Vorlesungen zur Einführung in die Psychoanalyse*.

Freud, S. (1936). *Selbstdarstellung*.

Freud, S. (1938). *The interpretation of dreams*. Random House.

Freud, S. (1950). *Aus den Anfängen der Psychoanalyse. Briefen an Wilhelm Fliess, Abhandlungen und Notizen aus den Jahren 1887-1902*.

Freud, S. (1954). *Interpretation of dreams*. Allem & Unwin.

Freud, S. (1954). *The Origins of Psychoanalysis: Letters to Wilhelm Fliess*. Imago.

Freud, S. (1972). *A interpretação dos sonhos*. Imago.

Gide, A. (s.d.). *Journal 1889-1939* [02.01.1933].

Guggenbühl-Craig, A. (1987). Der nur gute Vater. *Gorgo 12*, 31-42.

Hillman, J. (1960). *Emotion*. Routledge and Kegan Paul.

Hillman, J. (1967). Senex and Puer. *Eranos Jahrbuch, 36*.

Hillman, J. (1972). *The myth of analysis*. Northwestern University Press. [Hillman, J. (1984). *O mito da análise*. Paz e Terra.]

Hillman, J. (1975). *Re-Visioning psychology*. Harper & Row.

Hillman, J. (1980; 1981). Silver and the White Earth. *Spring*, 21-48; 21-66.

Hofmannsthal, H. von (1937). *Briefe 1900-1909* (Vol. II). S. Fischer/Bermann-Fischer.

Hölderlin, F. (1952). *Sämtliche Werke* (Grosse Stuttgarter Ausgabe, vol. V).

Hölderlin, F. (1954). *Sämtliche Werke* (Vol. I).

Jens, W. (1955). *Hofmannsthal und die Griechen*. M. Niemeyer.

Kerényi, K. (s.d.). *Heroen der Griechen*.

Kerényi, K. (1937). *Apollon*.

Kerényi, K. (1947). *Göttlichen Arzt*.

Kerényi, K. (1959). *The heroes of the Greeks*. Thames and Hudson.

Kerényi, K. (1959). Über das Geheimnis der eleusinischen Mysterien. *Paideuma, 7*(2), 69-82.

Kerényi, K. (1962). *Mysterien von Eleusis*.

Kerényi, K. (1983). *Apollo*. Spring.

Keuls, E. (1985). *The reign of the phallus*. Harper & Row.

Kirchner, W. (1949). *Der Hochverratsprozess gegen Sinclair*.

Koffka, K. (1936). *Principles of Gestalt psychology*. Routledge and Kegan Paul.

Lattimore, R. (1968). Sophocles: Oedipus Tyrannus. In: J.L. Sanderson, & E. Zimmerman (eds.), *Oedipus, myth and dramatic form* (p. 295-297). Houghton Mifflin.

Mann, M. (1960). *Ges. Werke* (Vol. VII).

Nagy, G. (1979). *The best of Achaeans*. Johns Hopkins University Press.

Nussbaum, M.C. (1986). Luck and the tragic emotions. In: *The fragility of goodness*. Cambridge University Press.

On psychological creativity (1966). *Eranos Jahrbuch, 35*.

Reinhardt, K. (s.d.). *Sophokles*.

Reinhardt, K. (1947). *Sophokles* (30. ed.).

Reinhardt, K. (1960). *Tradition und Geist*. Vanderhoeck & Ruprecht.

Ricoeur, P. (1970). *Freud and philosophy*. Yale University Press.

Robert, C. (1915). *Oedipus*.

Roscher, W.H. (1965). *Ausführliches Lexikon der griechischen und römischen Mythologie* (II/I). Ulms.

Sallustius (1966). *Concerning the gods and the universe*. Ulms.

Schadewaldt, W. (s.d.). Prefácio. In: *Sophokles, Tragödien*. Fischer Bücherei 162.

Schadewaldt, W. (1960). *Hellas und Hesperien*. Artemis.

Schroetter, J. (1982). The four fathers: Symbolism in *Oedipus Rex*. In: A. Cook (Ed.), *Oedipus Rex: A mirror for Greek drama*. Waveland Press (Trabalho original publicado em 1963).

Stein, R. (1984). *Incest and humana love*. Spring.

Szerb, A. (1938). *Die Suche nach dem Wunder*.

The dream and the underworld (1972). *Eranos Jahrbuch, 41*.

Trousson, R. *Le thême de Prométhée dans la littérature européenne* (Vol. II).

Vernant, J.-P. (1997-1978). Ambiguity and reversal: On the enigmatic Structure of *Oedipus Rex*. *New Literary History, 9*.

Waite, A.E. (1953). *The hermetic museum* (Vol. 1). Watkins.

Watson-Williams, H. (1967). *André Gide and the Greek Myth*.

Whitman, C.H. (1951). Apocalypse: *Oedipus at Colonus*. In: *Sophocles: A study in Heroic Humanism*. Harvard University Press.

Assessoria: Dr. Walter Boechat

Veja todos os livros da coleção em

livrariavozes.com.br/colecoes/reflexoes-junguianas

ou pelo Qr Code

Conecte-se conosco:

f facebook.com/editoravozes

⊙ @editoravozes

𝕏 @editora_vozes

▶ youtube.com/editoravozes

☎ +55 24 2233-9033

www.vozes.com.br

Conheça nossas lojas:

www.livrariavozes.com.br

Belo Horizonte – Brasília – Campinas – Cuiabá – Curitiba
Fortaleza – Juiz de Fora – Petrópolis – Recife – São Paulo

EDITORA VOZES LTDA.
Rua Frei Luís, 100 – Centro – Cep 25689-900 – Petrópolis, RJ
Tel.: (24) 2233-9000 – E-mail: vendas@vozes.com.br